带团队

有效将下属变铁杆的管理术

【美国】塞缪尔·A. 卡尔伯特（Samuel A.Culbert）——著

顾俊杰——译

天津出版传媒集团

天津人民出版社

前　言

1988年10月，《丹佛日报》的出版商莫里斯·莫希基把我叫到了他的办公室交谈。他是个直截了当的人，他说自己刚刚炒了商业新闻部经理，所以这个职位空了出来。他想让我这个没任何管理经验，玩世不恭且又只会耍嘴皮子的记者来做新闻部经理。

接下来，主编查克格林负责培训我，而这个培训时长仅有30秒。他说："选一个故事写在页面顶端，上面加个大标题，中间放个图片，右边再放个故事，摘要放到左边。"说完这些，他又补充说道："剩下的你自己看着办。"就这样，我成了一个经理，以前一起喝酒的15个酒友一下子变成了我的下属。我该为他们做什么呢？怎么与他们共处？怎么把工作分配给他们？我真的毫无头绪，我怀疑自己是否真的能像那些管理者一样去管理他们。

虽然耗费数日，我最终还是摸索到管理员工的方法。最初，我是在《丹佛日报》工作，后来是在《丹佛商业周刊》担任主编，最后，我自己创办了报刊——《太平洋海岸商业时报》。在这个过程中，我发现要成为一个好的管理者，需要的不仅仅是权力，你还需要有自知之明，应该站在下属的角度去思考问题。当然，我说的是管理者应该实实在在地与下属换位思考，并且他们得承认自己并不是无所不知。

幸运的是，我有这么一个朋友，他的一生都在研究管理者和直接下属之间的复杂关系，这个人就是本书的作者——塞缪尔·A. 卡尔伯特。数年前，我们同时获得杰拉尔德·罗布奖，并且一同被邀请参加加州大学洛杉矶分校安德森管理学院的招待会，他是组织开发此领域的先驱。从那以后，我们通过邮件和电话交流了数年。

这些年，塞缪尔教会了我如何做一个称职的管理者，尽管我现在做得并不是很好，但是，我确实有所收获。我开始明白，一个人的人品好，并不代表他就是一个好的管理者，而且好的管理者是不会把自己的意愿强加给别人的，大部分不当的管理方式都是从错误的假设开始的。

其实，塞缪尔之所以对此能表达地游刃有余，是因为他善于观察。他了解所有的工作行为，并且直言不讳，对谁都不会留任何情面。当然，这也是本书如此成功的原因，它开创性地将所有通往成功的最大障碍表现出来，使人得以理解。我必须提醒一点，这不是一本说教式的流行书籍，仅仅在目录画几个符号或者下载一个软件，并不能让你一下子成为一个优秀的职业经理。

《带团队：有效将下属变铁杆的管理术》一书的主旨在于解决工作中潜在的问题。塞缪尔主张摒弃我们之前所学，这需要下巨大的决心。为了寻求改变，《带团队：有效将下属变铁杆的管理术》在管理者以及他们的属下心中根植这样一个理念——一定要找出原因，到底是什么促使他们做出各种行为。

塞缪尔掷地有声地认为："管理者们被吞噬在一个文化力场中，他们对自己应当做出的反应和应当了解的事情不知所措。"因此，职场中出现那么多不称职的经理毫不奇怪，因为他们只能成为这样子的人！

如果说有人能够解剖、重塑管理者是如何思考和行动的，那这个人一定就是塞缪尔——商业系统分析师兼临床心理学家。他一生都在分析各类公司的管理问题，有着极强的观察力，可以观察到21世纪的职场中的权力和人际关系。他的观点会让你大吃一惊，你会被他的观点吸引。如果你想知道如何实现团队目标，他会指引你寻找到新的解决方法。他还会用你从来未尝试过的方法来教你管理下属。有时候，你可能会感到沮丧，但我相信你总会看到希望。

我们生活的时代里，糟糕的管理无处不在，这不仅使人们感到紧张、迷茫，还会影响到公司的业绩甚至引发灾难。然而，造成这些灾难的原因大部分是顶层管理者缺乏责任感，普通员工越发感觉他们掉队得越来越远，经济上如此，情感上亦是。

想象一下，在过去十年里，如果穆迪公司、斯坦达德和普尔公司这些主要评级机构能够直言不讳，又会发生什么呢？金融危机造成的悲剧还有多少人记得？公司花费数十亿美元进行评级，员工们也签了字，而不久之后这便成为一文不值的抵押贷款债券。没人敢对此提出疑问，为什么会对那些垃圾去评级，也正是因为这些公司的倒闭，使得世界金融市场处于摇摇欲坠的边缘。

在《带团队：有效将下属变铁杆的管理术》一书中，塞缪尔教会我们如何在美国及全世界由内而外打造更好的公司，要想有所收获，我们必须用开放思维对其进行学习。

亨利·杜伯洛夫

《太平洋海岸商业时报》首席执行官兼主编

目录

PART 1 审视：了解团队最真实的情况

目录

PART 2 洞察：剖析管理者隐秘的内心

到底是什么原因造成公司的不良管理呢？是什么导致管理者违背自己的内心，实施了糟糕的管理行为呢？其实，面对复杂的企业文化，管理者自身也会感到极度的不安。为什么管理者会感到如此的不安呢？最大的原因就是管理者处在一个十分复杂的工作环境中，受环境的影响，管理者只能跟随大流，时刻保持所谓的客观想法。

管理者们感到不安，就会采取措施进行自我保护。他们声称“我不得不这么做”，但真的只有这一种选择吗？他们可能根本就意识不到，保持警惕花费的时间和精力，同样会让他们觉得疲惫不堪。

到底是什么妨碍了管理者卓越的管理呢?出于自我保护的想法,管理者和员工都不愿意表达自己真实的想法,每个人都只是按例行事。管理者想到的变革就只是一点点改变,并不能起到什么实质性的作用。公司要想真正地实现良好的管理,就必须找到导致糟糕管理行为的根本原因,从而做出必要的改变。

PART 3 策略:获取最忠诚有力的支持

在管理变革之前,管理者要做好准备,打破常规,勇敢地做出改变。而在管理变革的过程中,管理者不仅要学会克服文化冲突,消除文化障碍,还要转变思维方式,对企业原有的不良文化进行修正。

目录

管理者要想实现卓越的管理，需要公司领导者的支持。事实上，领导者并不知道管理者真正担心的是什么，也并不知道他们到底需要什么。而对于管理者来说，他们也并不知道自己应该做什么。面对这种情况，我们要做的不只是让他们改变行为，更重要的是让他们转变思维方式。

管理者要想真正实施良好的管理，最重要的就是接受与自己不同的思维方式，学会站在他人的角度思考问题，尤其是要学会认真考虑员工的建议，了解员工的需求，使大家都能畅所欲言，展现出真实的自己，为了维护公司的利益共同努力，共同进步。

PART 1

审视：了解团队最真实的情况

CHAPTER 1 第一章　为何团队缺乏战斗力？

我们经常会听到管理者说："在自己的管理下，团队的凝聚力和战斗力一直都很强。"但事实真的是这样吗？管理者口中所谓的卓越管理真的实现了吗？当然没有。事实上，经理们经常忽略由于自己的不良管理行为导致的问题。因此，要想改变现状，经理们就必须面对管理中存在的这些问题，否则经营不善将成为常态。

显而易见，在大多数人眼中，美国的职业经理人，是世界上最优秀的职业经理人。其实，这是很容易联想到的，因为他们一旦认为美国公司是世界上最具创新且盈利能力最强的公司，其团队也是世界上工作效率最高的团队，那么，经营这些公司的职业经理人，也就是世界上聪明绝顶、最懂人情世故的人。

如果没人和你说出美国职业经理人的另一面，或许所有人都对其持有上述这种印象。从上海到伦敦，美国的职业经理人以其充沛的个人激情、敏锐的商业嗅觉，以及创新性营销能力而备受全世界青睐。虽然有时他们判断失误或被曝欺诈，但几乎没外界人士认为这是美国公司在运营方式上存在问题。不，在世人眼中，美国职业经理人的商业才智，在现代社会中是独一无二的。

说实在的，对此我不敢苟同，我认为美国公司的“管理不善”将成为常态，团队的问题也会在日后的工作中逐渐地显示出来。对于这种情况，我可以列举无数此类公司，而通常人们总是把“管理不善”归于个别例外情况。

一个团队给股东赚了很多钱或一个非营利性机构在预算内正常运营……这并不意味着团队的成员得到了所需要的引导、支持和鼓励。一位职业经理人毕业于工商管理学校，这不等同于他在接受现实考验时的表现，也能和其在学校学期末所得到的成绩那样优秀。

当然，美国公司之所以能成为世界上最成功的企业，是有诸多因素决定的，然而这诸多因素中并不包含管理质量，即便它们可能在财务方面做得很成功，可日常的人力消耗也很大。更深层次地说，它们从本质上已经偏离了企业发展的正常轨道。

其实，我倒并不是说所有美国公司都这样。在刚踏上工作岗位时，我们的心情都是无比激动的，即使是在一家小公司，受到老板的关怀和赞赏，都会让我们的归属感和幸福感瞬间爆棚。但是，除了一些例外情况——大多数公司确实存在这样的问题。

正如我们看到的那样，在工作的时候，大多数人都想尽可能地发挥其特长。可是，由于团队“管理不善”，人们往往不能如期发挥出自己的专长。试想一下，如果你的子女将要进入职场，想要在工作中实现他自己的人生抱负、过上富足的生活，你会建议你的子女从事什么样的职业？

令人感到吃惊的是，虽然大多数人都处在非常糟糕的管理环境下，但他们却认为这就是顶尖的管理，并且很自然地默许了这种行为。事实上，大多数糟糕的管理行为都是一些经理们出于善意实施的，而这些经理们并不了解，他们的这些行为会带来什么负面影响，也并不知道是什么促使他们实施了这些行为。在这些经理们看来，他们已经在尽全力去解决问题了。

好吧，可能大多数被管理者会说，这些问题并不是管理者造成的，但这并不能成为被管理者面对糟糕的管理现状却无所作为的理由。事实上，实施这些糟糕管理行为的人正是那些受过良好教育的人，而这些人中甚至还包括最优秀、最有前景的美国人。当然，如果是那些心胸狭窄、自私的人实施了这些行为，我们并不会感到惊讶，但恰恰是那些所谓的好人，做出了这些糟糕的管理行为，这就很不可思议了。

说实话，我倒很希望我说的这些都不符合实际情况。但是，我的观点不仅受到了许多经理和教授的认可，还被大部分媒体和出版研究机构证实。盖勒普说：“几乎每5个管理者中就有4个缺乏有效管理他人的天赋。”那么，管理者缺失的天赋是什么呢？盖勒普对此也做出了很详细的解释。就我个人而言，我认为所谓的天赋是指，管理者没有兴趣和精力去关注员工，更没有让员工尽可能地发挥他们的特长。

你可能会问，这又怎么样呢？无论管理者有没有具备这种天赋，团队在他们的管理下确实工作得很好，这就足够了。况且，人们已经对糟糕的管理习以为常，而管理者们也没有意识到他们所实施的是糟糕的行为，我们为什么还要杞人忧天呢？

接下来，我会告诉你，为什么我们要如此担忧。

如果团队“管理不善”，不仅员工会因此丧失工作的信心，股东们也会由于感到失望而相继退出公司。可能你又会问，即使这样又如何呢？只要公司还在盈利，任何问题都会得到解决。但是，公司真的处于理想的状态吗？如果没有，又是哪里出现了问题呢？其实，导致利润降低的主要原因可能是，公司付给管理者的薪水过高。而真正好的管理并不需要公司付出这么大的代价，只有公司可以实现卓越管理，团队成员之间表现得和和睦睦，员工能充分发挥自己的创造力，公司的利润才能节节攀升。

和世界范围内的其他公司相比，美国公司所具备的优势及其明显。由于不受官僚制度的影响，美国公司不仅可以对其内部人事进行调动，还能享受税率优惠，寻找政策漏洞，改变商业惯例，卖掉无意义的业务。在其他公司看来，美国公司总是保持着极高的工作效率，为了达到最终的目的，它们甚至会采取一些残酷的手段。而这不仅使美国成了吸引全世界顶尖人才的磁石，也使美国公司成了世界上最成功的公司。

令人觉得十分可笑的是，如果你想要在世界上最成功的公司中工作，你就要做好付出个人情感，甚至牺牲个人健康的准备。试想一下，如果员工能不被琐事分心，不受领导的威吓，坦率地表达自己的心声，用心去完成工作，公司的工作效率能提高多少呢？如果管理者能更多地关注与下属之间的关系，公司的工作效率又会提高多少呢？

现如今，关于卓越管理的广告和营销活动随处可见。每年，市面上都会出现很多管理类的畅销书，这些书的内容大多都是教你如何有效地管理员工。除此之外，许多著名的企业管理者也进行了成千上万场演讲，这些管理者建议其他公司仿效其经营之道。但是，当台下的观众真正按照这些管理者的建议去做的时候，他们就会发现最终的结果大相径庭。更不幸的是，这些身处管理层的观众在实际的工作中根本不可能去效仿那些著名的管理者，而他们的员工对此也非常清楚。特别是在大公司里，人们会很快意识到领导们口中所谓的卓越管理只是个别领导的幻想，根本不符合实际情况。

除了在报纸和电视上看到一些所谓良好的管理模式，我还经常听一些管理者和专家说他们采取了全新的管理模式，原因是他们的工作效率受到了糟糕管理的影响，但是这种全新的管理模式也并没有解决问题。事实上，只有当情况极其恶劣的时候，人们才会注意到已经发生的事实。而当听说了正在发生的事情之后，人们不但不会感到惊讶，还会开始抱怨。人们似乎很期待看到，由于管理者管理不当，公司出现一连串的问题。

你听到了吗？人们不仅不会感到惊讶，事实上，他们很期待糟糕的管理！是的，这是一种普遍存在的现象。当然，你可能会说，大多数的管理者都是出于善意才实施这种行为的。但这种善意真的有必要吗？其实，管理者并没有意识到，造成这种结果的原因可能是体系出现了问题。然而，即便管理者知道原因，他们也不可能立即承认。我在本书中想要阐述的主要内容就是用传统管理思维去解释问题，告诉大家为什么没人发现这种情况。

听了这些故事，你会情不自禁地问，是什么让管理者们做出诸多让别人怀疑或者无安全感的行为呢？当下属感到被诸多的管理行为所束缚，无法施展自己才能的时候，管理者们为何说他们管理得当呢？

在一项研究中，研究者分析了很多使专业员工在工作中保持最高效率的管理方式。研究表明，对管理者来说，最有效的管理方式是当员工觉得自己干得很出色的时候，不要让员工被不必要的事所打扰。换言之，比起获得管理者的帮助，员工们更乐于发挥自己的主观能动性。

人们希望能在工作中找到自我，也期待管理者能够帮助他们成为最优秀的自己，实现人生理想。但事实却并非如此，在日常工作中，人们需要花更多的精力来让老板认可他们所作的贡献，在不知道自己要做什么的时候，他们便发现自己开始不断地进行自我保护。工作并没有让他们为所学或者所完成的目标兴奋不已，太多的人感受到的是被虐打、精疲力竭、灰心丧气、情感空虚。

事实上，对于管理者和员工来说，他们都不希望出现上述这种情况。如果可以做出改变，事情大可不必如此。当然，管理者需要了解造成糟糕的管理方式的原因是什么，为什么它会不停地发生，这样才能找到问题产生的根源，从而采取相应的措施，解决现有的问题。

忽视下属的管理者

刚开始参加工作的时候，人们都会觉得自己热情似火，时刻准备在工作中发挥自己的潜能。与服务于管理者所谓的最佳计划相比，人们更希望在工作中发挥自己的长处，实现高效工作。与此同时，人们还期待通过完成领导分配的任务，追求自己想要的东西，实现自身的发展。因此，当自己感到不被理解，或是觉得走错了方向的时候，员工们内心的热情便开始慢慢消逝。

众所周知，工作中发生的事情对一个人有着潜移默化的影响。人们确实希望在工作中不断学习，使自己变得富有。但是，在实现自己雄心壮志的同时，他们也想要保持身心健康。你可能会问，什么最能影响人们的心智和精神呢?

其实，在实际的工作环境中，任何事都会对人们产生影响，而管理者的行为对人们的影响可能是最大的。管理者监视员工工作，导致员工不得不带上假面具。但是，除了监视，管理者就没什么可以做的了吗？管理者们把人力资源称为公司资本的替代资源，这些敏感的、有显著技能但有缺陷的人想要通过努力工作成就一番事业，从而改善生活。管理者应当帮助那些有显著技能但有缺陷的人，让他们发挥自己的优势，这样他们才能为公司创造出最大的价值。

不幸的是，由于种种原因，管理者太专注于完成工作任务，以至于他们感觉自己受到某种逼迫，从而忽略了一些不重要的环节，而被忽略的正是下属的需求。管理者不考虑完成一项任务需要花费多少时间，更不想听到员工们说由于种种原因不能工作。管理者用晋升来做诱饵，用赞美声催促下属工作，从而实现自己的目标。

下面这个例子，可以把我描述的情况栩栩如生地呈现出来。我收到过一份由一位在公司里处于上升期的中层管理者写的外贸邮件，而他的老板并不知道他写了这份邮件，内容如下：

我逐渐意识到，工作中的很多种因素时时刻刻都在影响着我，它们促使我要证明我自己值得被晋升。通常情况下，为了表示我在回应，我总是不停地点头。但是，我经常记不住别人和我说过的话，因为我总是想着谈话可以快点结束，我可以继续工作。而且，即便我把工作带回家，我也没有足够的时间去完成它。就好像我总是采花，但是却从来闻不到花香。最糟糕的是，我觉得自己的婚姻都出现了问题。即使身处一室，我和妻子之间都有距离感。作为一个全职母亲，随着时间的推移，她感到自己的压力越来越大。每次我一踏进家门，她就立马解担子。然后，她就会让我检查儿子的作业，帮他们洗澡，哄他们睡觉。在工作了一整天后，这些都使我更加精疲力竭，以至于我在家里就像在工作时一样没耐心。好不容易到了周末，我还要查看邮件、接电话。我对未能做一个称职的父亲而有负罪感。我不想让他们长大后像我一样，工作到几乎没有时间陪伴小孩。我告诉妻子和孩子，我这么做都是为了家庭，但换来的只是冷漠的眼神。

这个例子可能并没有全面地描述出所有管理者的现状，但它说明了一个普遍存在的现象。写邮件的管理者是一个十分善良的人，为了升职，他在工作中尽职尽责，通过自己的努力，获得了一个高级经理的职位。但是，升职之后的他可能处在很多麻烦之中，对发生的事情也不知道该如何处理，他希望能够得到老板的帮助。但糟糕的是，他是一位缺乏耐心的管理者。试想一下，如果这位管理者没有及时领会老板的意思，也没有收到老板的帮助和支持，该怎么办呢？

那么，我们可以仔细思考一下，相比于老板对管理者的关注和管理者对家庭的关注，管理者的下属会得到更多的关注吗？每个人都有自己的压力，都会感到不安，没人可以得到自己需要的帮助。

从不抱怨、逆来顺受是否就可以获得晋升呢？很明显，这就是很多身处高位、有着丰厚薪资的人，希望下属成为的样子。我曾经遇到过一些高层管理者，他们认为，公司的要职人员必须随时随地接受工作任务，即便和家人度假期间，也要快速接电话。

你了解过自己的下属吗？

我们都知道，一个人要想在职场中走得顺畅，就必须学会权衡利弊。事实上，大多数管理者都期望员工不仅要有抱负，还能满足他们的任何要求。但是，管理者并不知道，员工已经对利弊做出了权衡，也给自己下了结论；管理者也并不知道，对于团队和被牺牲的员工个人来说，在进行交换之后，到底谁获得了更好的价值。就像邮件里写的那样，管理者没有耐心去听老板说的话，自然而然也就不会将老板的要求精确地传达给自己的下属。

那么，管理者是否有必要花时间去了解员工的生活呢？管理者是否需要清楚地知道自己的言行会对员工产生什么影响呢？我做过一个调查，大多数人认为，管理者并不知道员工为工作做出了什么样的牺牲，也并不了解这种牺牲给员工的生活造成了怎样的影响。在我看来，这也许不是最大的问题。最大的问题是，即使管理者了解工作给员工生活带来的影响，事情会有什么不同吗？大多数人猜测，即便他们讲出了造成这种糟糕结果的根本原因，他们也不会被同情，更不会得到谅解。

其实，工作不应该使人丧失信心。当人们感觉自己工作得很有效率，得到管理者的支持和赞赏，看到自己取得个人重大突破的时候，他们自然就不会认为自己的情况有多糟糕了。事实上，在正确的情况下，工作甚至不是工作，而是员工自己想要做的事。不过，即便给予员工足够的关注，这种“正确情况”也依然不会发生。但管理者至少要让人们觉得，工作是一件值得开心的事情，他们不应该在星期天晚上翻来覆去难以入睡，更不应该为第二天早上等待他们的事情而黯然伤神。

大多数员工都觉得自己任务繁重，这是一个悲剧。**当被给予正确的帮助时，员工会觉得工作是一种实现自我价值的活动。**那么，到底是什么妨碍老板们给员工提供他们所需的帮助呢？

两种管理者不敢承认的糟糕行为

我自认为认识很多管理咨询师，他们会帮助企业成功地看到企业管理中的缺陷以及错误的理念，并提出建议去改变它。但我不是这样，我并没有直接帮助他们克服改革的阻碍，我只是让他们看到团队管理不恰当或是不正确的地方。

在一次次尝试过程中，我对这些阻碍有了更清楚的认识，也相信自己的亲身经历能够为别人提供借鉴。我寻找的是为什么糟糕的管理被这么多管理者所忽略的原因，而对于那些发现问题的人来说，他们为什么不敢去尝试改变。

接下来，我会简单地阐述一下我在本书要详细论述的内容。

在一个团队里，每天都会出现很多糟糕的管理行为，大多数善意的管理者都在进行错误的思考，他们对自己所实施的管理行为也很健忘，这就是美国工作文化。因此，我认为大多数善意管理者失败的根本原因是，他们认为优秀的管理是可以模仿的。这种想法本身就是错误的。

现有的工作文化使管理者违背人的本性，让管理者不再关注人们是如何思考、交流和工作的。更糟糕的是，这种工作文化鼓励管理者去支持一些“处事行为”，而这些“处事行为”会阻止每个人包括管理者自身说出工作中产生的矛盾。虽然公司正在以这种方式运营，但对管理者来说，这确实是一种道德绑架。

即便高层管理者说“在工作中，所有人都要坦诚”，但是，管理者并没有搬走阻碍人们说实话的大石。在管理者看来，员工只要把交代了的事情做好即可。顶层管理者只希望看到，所有的事情都进展顺利。但是，尽管每次询问员工事情是否顺利的时候，管理者都会得到肯定的答案。但事实却并非如此。

请允许我解释一下我的结论。人们普遍认为美国人奉行的是利己主义，他们很积极，通常会毛遂自荐，寻找下一个改进的机会，然后不断地往上爬。

人们也经常会听到这样的故事，某个人克服了巨大的困难，把所有人给自己施加的压力都变成前进动力，最终取得了成功。而现实结果是，管理者们对员工有很多不切实际的期望。管理者自认为，说些甜言蜜语就能任意地摆布、恐吓员工，管理者看不惯的地方，员工就必须改变，很明显这种想法本身就是错误的。对于一个人来说，有些东西是可以通过时间、外部刺激或是自我内在发展而改变的，但有些东西无论如何也是改不了的。

每个人都想成长，尽最大的努力成为更好的自己，这是一种很普遍的想法。然而，这种想法中却隐藏着一个妨碍管理者改进的主要障碍。一直以来，管理者接受的教育都在教他们如何对自己以及自己的将来进行投资，怎样不断地向前冲，实现自己的目标。而现实的工作文化将这种观念变得极端化，由于太注重自己的发展，管理者根本没有其他精力给予员工所需的关注。

管理者迫切地想把工作向前推进，从而尽早地完成工作目标。因而，他们就变得极度自私，他们欺骗同事，尤其是自己的下属，他们利用下属来实现自己的成功。久而久之，管理者们会发现之前学习的如何与一些有缺陷的、并且与自己想法不同的人相处得工作经验并不受用了，事实上，他们并不想与那些有缺陷、并且与自己想法不同的人融洽相处，他们要做的只是完成自己的任务。

大多数的管理者都没有意识到他们正在犯的错误，他们拒绝和有缺陷并且想法不同的人一起工作。这种做法导致的结果就是，由于无法和别人更融洽地相处，一代又一代的管理者开始有了不切实际的期望。平心而论，我没有见过哪个管理者能够完全为他们管理不当负责。为什么呢？因为没有人会追究。

一些公司每年在管理上花费数百万美元，但是，他们并没有花一分钱来研究，公司的领导者到底需要管理者怎么做。而那些不切实际的期望，在无形之中使管理者开始不断地疏远员工。当然，你可能会说，管理训练课就是这么训练他们的啊。下面我会详细地给你讲述这种机制。

一方面，管理者拒绝和与自己有不同想法的员工一起工作，另一方面，管理者还希望员工能乖乖地按照他们的意愿完成工作，从而实现自己的目标。可是，既然如此，为什么员工不能要求更好的待遇呢？公司的管理者认为，他们首先要做的事就是完成自己的任务，实现升职的目的。但是，管理者也总是在实施了管理行为之后才发现，所做的事情已经违背了他们的首要目标，然后才会发现并且抱怨，管理问题已经是个系统问题了。

在工作过程中，当问题突然发生的时候，同事可能会出于怜悯而听你诉说，问题是如何产生的，也可能会给你一些建议。但这些问题终究不是他们的问题，也不会影响他们完成目标。除了一些重大事件外，通常情况下，他们都会选择置身事外。当糟糕的管理行为不断出现，公司就会出现这种状况：员工只有在一个受到威胁的环境中，才会表现得很有雄心壮志。

在实际的工作环境中，糟糕的管理行为各有不同，但其表现形式却十分相似。其中，有一种情况是这样的：管理者告诉员工，管理者实施的管理行为都是正确的，而实际上是错误的。

在一次采访中，一个公司的副总裁和我说："有一天，一个新上任的管理者不停地去找我，原因是这个管理者觉得公司的管理存在着很大的问题，这让我为此感到十分烦恼。"而在我看来，这只是一个特殊的情况，大多数的管理者即使意识到公司的管理存在问题，他们也不会去找上层管理者进行反馈。

接下来，我会详细地讲述一下采访的过程，当你读完的时候，你可以想一下你是否听说过相似的故事，而这些相似的故事又延续了多少年。

我和这位副总裁的采访进行得并不顺利，我们交谈的也并不多。他不停地提问，这使我难以应对。在采访过程中，我一直想和他转换一下角色，但并未成功。所以，我觉得这似乎是个很糟糕的访问，但令人啼笑皆非的是，他竟然觉得我还算称职。

在最后一小时里，他看了我的简历。我的简历上并没有写我对食物和酒很狂热。他离开了一分钟，回来的时候，手里拿着两个塑料杯，一个里面有水，另一个里面有苏打。然后，他叫我把两个杯子里的东西都喝一点。我稍微抿了一口。他问我："你觉得两个杯子里面有没有放酒呢？”我回答：“没有”。他继续说：“好吧，至少你对红酒还有一点了解，但是你却不了解财务。”我很震惊，我觉得他的回答很冷酷。在此之前，还没有一个人像这样对我恶语中伤。

采访结束之后，他不仅把他对我的看法告诉了我的顶头上司及部门经理，他还说如果不是看在他的老板和我的部门经理有交情的份上，他都不可能会接见我。这让我觉得自己被羞辱了，但让我最沮丧的是，我让我的上司和部门经理失望了。

这并不是我第一次分享这个故事，却是我第一次意识到，这个副总裁的评论对我造成的影响有多大。之前的我总是很自信地侃侃而谈，但是在这10年里，我总是小心翼翼，生怕自己在不合适的时候说错话，在时机恰当的时候却没有表达清楚自己的想法，让那些信任我的人失望。是的，这听起来似乎很傻，但我觉得这个副总裁让我感到十分恐惧。

我再也不想被人说成这样，或是把我想成这样；我再也不会像这样被刁难、评价，令人绝望。我的恐惧已经使我把注意力集中在说正确的事情上，而我想说的却不由自主地被改变了。突然间，我发现我在说的和我想说的完全不同。我希望当我最终认识到这次采访对我的重大影响后，我能够找回真正的自我。

当然，我希望你不要因为我说的这件事而对所有的管理者产生误解，并不是每个管理者都像这个故事里的副总裁一样刻薄。但是毫无疑问，他的行为是不合情理的，我怀疑他自己都觉得自己很刻薄。假设他是个好的管理者，他很可能会这么想：是时候教育一下这个年轻人了，让他为自己和公司努力进取。而这个副总裁并没有这么做，他只是厌恶我，就像讨厌那个新上任的管理者一样。

其实，每个管理者都会受到工作文化的影响，但这并不能成为管理者无缘无故伤害别人的理由，也不能成为管理者无缘由批评别人的借口。如果你是这样一个管理者的下属，你能不抱怨吗？你会服从这样的管理者吗？反正我不会。

更令人觉得可惜的是，现有的工作文化使得管理者会在糟糕的管理环境中进行自我安慰。他们会这样想：糟糕的管理现状是由几个管理者共同造成的，是上级管理者没有能力管理好公司，才使得工作环境变得越来越糟糕，与他们没有任何关系。这样一来，管理者就会变得十分敏感，以至于即便意识到问题，管理者也不会再说什么。事实上，人们并没有意识到，管理体系本身就存在问题。的确如此，这也导致管理者没有意识到，他们的行为会给其他人造成压力。

不得不超越的管理危机

你可能会问，应该如何改变糟糕的管理现状呢？下面让我来举一个例子。

从AT&T公司总经理升到惠普公司首席执行官的卡莉·菲奥里纳，毕业于一座声名显赫的大学。毫无疑问，她在工程领域里有着丰富而又精准的判断力，但是，当她成为惠普公司首席执行官以后，她的判断力就开始打折扣了。她暗地里偷听董事会的行径被领导力专家们写进书中，该书用她的行为作为反面例子，阐明了什么是领导的黄金准则，表达了精准的判断力是优秀领导力的精髓这一观点。

可是，她为什么要这么做呢？为什么上升到高层管理之后，她会用间谍的手段呢？在我看来，和其他人一样，菲奥里纳也有一些未被发现的缺点。而这些缺点一直都隐藏在她身体里，直到遇见一些棘手的情况时，她就自然而然地认为，不诚实的间谍行为也是可以被接受的。

尽管惠普公司董事会成员并没有原谅她，但大部分人都同情她。她在公众面前的“顽皮”也并没有阻止通信巨头AT&T邀请她回去，让她成为董事会一员。甚至，在2010年竞选美国参议院议员的时候，这也没有阻止400多万加州人给她投票。显然，很多人认为她的不当行为仅仅是在工作中实施的，在公职中不会发生。

我认为，卡莉·菲奥里纳的不当行为仅仅是一个比她的近视大一点的问题。就像我说的，我谈论的不是一些无能又表现糟糕的管理者，也不是一种任何人都可能头脑发热所犯的小过错，我说的是一种扭曲的思考方式——管理者不承认管理体系存在问题，更不会尝试做出任何改变。而这种思考方式使糟糕的管理成为了一种普遍存在的现象。这是一个危机四伏的精神状态，管理者有抱负，但是有些缺陷未被发现，所以才造成了这样的结果。而这些缺陷一旦被唤醒，任何一个管理者都会判断失误。同时，这是管理岗位上的人所特有的惯性思维，它是由本来的缺陷演变过来的。

我在这本书里所写的内容不仅会令人感到不安，还会向那些相信管理体系不存在问题的管理者发出挑战。上面所说的思考方式反映了美国的工作方式——使人们社会化，以保持积极的工作态度。但这种方式有其局限性，一方面，它促使管理者选择自己能解决的问题，避免他们无法解决的问题，另一方面，在问题平稳解决后，他们坚持主流文化是正确的，他们害怕被视为做错事或表现不佳的人，所以他们倾向于解决表面问题，而不是解决导致这些症状的根本问题。

这就像传说中的**醉汉在灯柱下面寻找丢失的钥匙，灯柱下有足够的光线，但是却没有他要找的钥匙。**

揭露被故意隐藏的管理问题

到目前为止，我还没有发现有什么办法，能够快速解决本书所提到的管理问题。制订一份好的解决方案，需要我们不断增强管理意识，进而在管理重点上进行一系列改革。这就意味着我们需要考虑各种各样糟糕的管理状况，但事实上，至少在短期内，在更多的领导、管理者、操作员和雇员准确地看到发生了什么事情之前，大多数公司的管理者都缺乏改革的意愿。

其实，长期以来，“管理不善”一直是工作中普遍存在的现状，而这种现状是不会轻易被改变的。管理者如果想要对此了解得更透彻，需要透过现象看本质，让隐藏的问题暴露出来。这就是我在本书想要重点揭示的问题。我想让你看清楚问题的本质，并且知道什么才是我们需要去做的事情。只有在对情况有了足够的了解之后，你才能有针对性地做出改变。

当员工受到误解时，我常常听到一种老调重弹的声音。这种老生常谈，不管是谁在唠叨，我都觉得他是在指桑骂槐。通常情况下，管理者会说："真的，山姆，没那么糟。我欢迎员工带着问题来找我，我会帮他们解决，他们也知道可以这么做。"可是，实际情况真的是这样吗？这些管理者怎么会这么天真！他们真的认为，公司给员工制定一个开放的政策，发出一个诚恳的呼吁，让员工感到足够的坦诚，员工就能实实在在地将自己遇到的问题呈现给管理者吗？

我听过很多遇到权威便吓破胆的例子。工程师明明知道通用汽车的缺陷和背后隐藏的阴谋，但出于畏惧还是选择了沉默；管理人员即使意识到，对数百名退伍军人的健康进行双重薄记的行政管理分类记账是很重要的，但也选择了什么都不说；纽约和新泽西港务局的官员和管理者即便知道关闭通往乔治·华盛顿大桥的地下通道是没必要的，但仍然选择这么做了。在那些情况下，人们都清楚事实是怎样的，但因害怕，没有人敢说话，他们怕危及他们的事业。

对于管理者和员工来说，管理者说的话和他们的员工收到的信息有什么主要区别呢？一直以来，我都在提醒管理者们："如果你想知道你说了什么，就问问别人他们听到了什么，最好的办法就是在你说完之后，你去仔细地观察他们的行为。”

这就提出了一个重要的问题：什么样的工作文化可以让处在管理岗位的人们认为对自己好比对员工好更重要呢?

在商学院，我们教育管理者，为员工做正确的事就等于为自己做正确的事，然而现实中很容易忽视这一条。大多数管理者声称自己是好心，但当事与愿违的时候，他们就表现得很失望。在他们心中，这条鸿沟是由工作的客观需要而致使他们超负荷工作的结果意外造成的。从表面上看，他们这么想的确有道理，但深入挖掘，我看到造成管理者的负荷过大的更多的原因是，无安全感的工作文化使他们不再追寻直觉。**如果只靠善意去工作，工作将不再是工作。**

一个必须解开的管理谜团

我打算把这本描述管理者不当行为的书当作泼在那些管理者脸上的冷水。事实上，要想实现人们心中卓越管理的目标，我们还需要解开一些谜团。

首先，一个大疑团就是为什么每个人，甚至包括管理者在内，都觉得本应该接收到的信息实际上并未收到。是的，很多管理者都在做着正确的事情，但是，对于员工来说，他们觉得自己并不需要参与到管理工作中去。公司中有一个品行良好的管理者，并不代表公司里的员工都和这个管理者一样，而系统的社会化制度和奖励制度也会抹杀这样的管理者。

如果不改变制度，公司还会在每次管理不善时继续实施零碎的补救措施，然后才发现管理有多糟糕。而这样零碎的解决方法就像是狂欢节中的槌类游戏。当一个问题产生时，公司就想出一个补救方法去解决问题，这样循环往复，到最后会发现，这种做法只能导致更多的问题。现在，我看到的情况就是，管理者一直在解决着层出不穷的问题。对于公司来说，这无疑是在浪费公司资源。只有将管理系统修复，公司才能真正地解决现有的问题。

当你读这本书的时候，你会有很多机会验证书中所说内容的准确性。你可以回想一下你经历过的事情，相信这本书一定可以给你带来更多思考。当然，在这本书中，我不仅会告诉你，糟糕的管理行为能对你产生哪些潜在的或必然的影响，我还会让你了解不当行为发生的原因，让你认识到什么行为是必要的，以便你改善自己的管理方式。

虽然在前文中，我已经暗示了大量的建议，但是，我准备在后面的章节里，对那些想停止糟糕管理行为的领导者、管理者和员工需要采用的方法进行更详细的叙述。我相信这个建议对避免人们受到不当的责备是十分有用的。

除此之外，我还想要让你对你所目睹的不恰当的管理行为有更深刻的认识，看到由于管理者没有给员工提供帮助，员工受到了怎样的影响。我也想让你知道，那些处在糟糕管理行为之下的人们，是什么阻止他们敦促公司领导人赶快停止这种行为。可能你对我的所见所闻持批判性态度，但我并不是为了告诫和责备那些管理者，而是为了让每个人都意识到，是什么阻碍了他们得到所需要的东西。那么，如何去解决这些问题呢?

很多读者在读一本书的时候，都会很想和其他人谈论他们的想法。我完全理解这一点，也相信这是一个极好的想法，事实证明的确如此。但我要求你克制自己，在本书最后一章里，我提供了一些警示性的指导，我希望等到你看完最后一章，你再去和别人谈论你的想法。因为实际情况可能和你期待的不一样，我害怕在你了解全部内容之前，别人会对你的观点感到愤怒，从而疏远你。但是，如果你看完最后一章再去和别人探讨，相信你会得到他们的支持，收获友谊。

我发现，那些觉得自己已经成功的人更喜欢采取他们还未尝试过的做法。仔细想想，这是很有道理的。此外，那些觉得自己已经很成功的管理者所实施的一些行为，表面上看是为了实现卓越管理的目标，实际上只是为了自己。

在与别人交谈的过程中，如果提到改变体制，你肯定会受到反击。我希望你不要害怕，要学会面对反击。你可以想想你受到的阻力，想想你在做什么，像著名的美国废奴主义者弗雷德里克·道格拉斯曾写道：“如果没有斗争，就没有进步。”

带团队，从这里开始

在我担任MBA商学院教授和研究人员的职业生涯中，我调查和揭露了许多有问题的管理实践。可是到目前为止，我一直在和同一个对手战斗。这次，我要揭露的是，所谓良好的管理会引发不良行为，有双重思考能力的管理者也常常会掩饰自己的行为带来的影响。管理者为了掩盖影响而说谎话，这是一种非常糟糕的行为。除非人们认识到这种现象，了解管理者所处的环境，否则这种糟糕的管理会成为常态。

管理者是时候去面对所造成的影响了，重新思考他们所谓的卓越管理，我相信管理者会看到，到底是什么阻止了他们实施良好的管理行为，由此，管理者会变得更加人性化。而这是管理者实现自己善意想法的好办法。

据我了解，卓越管理的核心是以人性为依据的，也就是说，**管理者需要实施更加人性化的管理，学会相信下属，帮助下属。**

这就是我们开始的地方。

CHAPTER 2 第二章 别让“自以为是”的管理害了你

管理者真的不知道他们的管理是有问题的吗？不，他们知道。他们只不过是采取了一种双重思考的方式让自己相信管理不善就是卓越管理。那什么是双重思考呢？他们知道解决问题的最好办法是什么，但为了保护自己仍然选择了违背自己的内心。可是，这样真的万无一失吗？

据我所知，管理者经常利用工作文化扭曲员工的好意，阻止员工做他们认为对的事情。在当今职场，这是一种非常普遍的现象。大多数管理者明知有更好的解决办法，却依旧违背自己的内心，跟随文化大流。更可笑的是，管理者竟然说他这么做的原因是，希望能够实现自己的抱负，获得成功。这些管理者还喜欢玩心理游戏，在没有威胁到他们自身利益的前提下，他们总是努力让自己相信，这不仅是管理员工的最佳方法，还是他们与员工沟通的最佳途径。到最后，管理者都会忽视要为此付出的代价，选择保住自己的饭碗，努力升职。

为什么管理者会使用双重思考的模式呢？我认为，在一定程度上，这和管理者从小到大接受的教育有很大的关系。

在美国，很多小学社会研究课都在讲述美国人是多么独立自主、专心致志，为寻求人生理想，表现得多么坚定不移。而教课书里描述的英雄都出身卑微，他们克服了常人无法克服的困难，实现了普通人做梦都不敢想的事情。就像戴维·克罗克特、杰基·罗宾逊，甚至是奥普拉·温弗里，这些人都是传奇的缔造者。他们用自己的经历诠释了一个道理：只要你坚毅、果敢，一切皆有可能。

这在一定程度上就代表了美国的工作文化，而这种工作文化对管理者的影响也是潜移默化的。确实是这样，一方面，管理者想要表现出自己很坚定，为了实现目标不断地努力，另一方面，如今的工作环境也让管理者不得不违背自己的内心，做出看上去很正确，实际上却是错误的决定。

管理的真谛

世界性的管理是极具人格化的。人们会因其个人成就、长时间的自我提升以及坚定不移的决心受到重视。而世界性的工作文化也使人们主动学习必备知识，拿起有力的武器，树立良好的个人形象，用巧妙的方式和自身的优势战胜那些挡路的人，从而迈向更高的人生顶峰。

唐纳德·特朗普坦率地承认：“我处理公司事务的方式很简单，为了达成我的目标，我会对员工不断加压，加压，再加压。”特朗普的这种做法可能让人很恼火，但是，他对自己管理员工的方法却表达得很坦诚。然而，对于我认识的一些管理者来说，即使他们采取的方式和特朗普如出一辙，他们也并不愿意承认自己很自私。事实上，为了推进工作进程，大多数管理者都会对员工施加压力，而员工对这种行为也已经习以为常。

可是，这真的就是管理吗？当然不是。

很多管理者都不会设身处地为员工考虑，他们关注的只是自身的成功。在追求自我成功的时候，管理者通常会忘记，他们的首要任务是为员工搭建广阔的平台、创造良好的条件，以便员工能够顺利地完成任务。无论管理者承认与否，事实就是这样。我曾经和一些管理者共事过很多年，在共事期间，我也培训过这些管理者。令我吃惊的是，几乎没人承认，他们忽略了作为一个管理者必须要完成的首要任务。他们认为，他们的出发点是对的，他们已经很照顾下属了。但是，事实上，这些管理者搭建平台的目的是为了自己的成功，而不是为下属提供便利。

假设一个男孩想要做一件好事，他在马路上看到一位老奶奶，于是他就走上前去要帮老奶奶过马路，但是老奶奶并不愿意接受他的帮助。老人的拒绝令男孩感到很困惑，他不知道为什么自己的好心会被拒绝。但是，他从未想过问问老人想去哪里，他帮助老奶奶的目的只是想给自己贴上乐于助人的标签而已。

同样地，大多数管理者也从来没有问过员工，员工到底需要管理者做些什么，管理者该如何帮助员工。相反，管理者只是一味地强调工作，并要求员工一定要按照管理者的想法去做。然而，员工并不是工作的机器，他们也有自己的想法，当他们觉得自己正在被强迫做某些事情的时候，他们的工作热情就会被削减。而此时，管理者开始感到困惑，他们会觉得原先拟定好的工作计划根本没办法向前推进，于是，他们就会像特朗普一样，实施备用计划，而备用计划的实施方式就是对员工不断地施加压力。

当然，在备用计划实施的过程中，如果管理者和员工没有遇到任何困难，一切都进展得很顺利，那自然就不会产生任何问题，但是，如果他们遇到问题了，结果会怎样呢？对于管理者来说，他们会觉得是员工没有完成工作目标。而对于员工来说，他们会认为管理者应该担负起一切责任。

不要误会我的意思，我并不是说管理者和员工是故意这么做的。通常情况下，管理者认为，按照计划完成工作目标，推动公司的发展是自己的责任。于是，管理者就会要求员工和自己一样，并且给员工提供所谓的指导和帮助。当然，在一定程度上，管理者的这种做法是可以被理解的。但是，当人们身处管理职位的时候，人们的主要目标不应该是通过领路而使自己获得成功，更不应该把团队的成就据为己有。卓越的管理要求管理者们从聚光灯下隐退出来，并将个人追求放于次要位置，这样可以帮助员工把个人理想和企业需求融合到一起，这才是真正意义上的卓越管理。

令人感到可惜的是，大多数有管理头衔的人没有这种意识。当人们问他们如何成为一个优秀管理者时，他们都只是口头敷衍一下，然后把话题扯开，而他们认为这就是官方标准的回答。

但是，当压力来临之际，即便是最富有激情、最善良的人，似乎也不会把自身利益抛之脑后。很多书都在写，管理者该如何扮演支持性的角色，然而，事实上，管理者根本不会冒着失败的风险，让别人去实现目标。更糟糕的是，当一位管理者把员工放到第一位的时候，其他同级别的管理者会认为，这不仅是对员工的一种姑息，还说明这位管理者很无能。

一种“服务自我”的管理方式

毫无疑问，很多有着管理头衔的人都深谙领导和管理的艺术。就像唐纳德·特朗普一样，大多数管理者都喜欢让员工按照自己的想法工作。

管理者认为，管理者给员工制订了工作的流程，那么，员工如期完成工作的功劳也就自然而然地属于管理者。因此，员工像流水线操作工一样被各自分配，完成管理者的目标。但是，这些真正工作的人们并不认为他们仅仅是操作工。他们不想被当成替代品，更不想做管理者的棋子。试想一下，如果管理者把指导员工作为亟待解决的问题，而不是把员工当成简单的操作工的话，那糟糕的管理现状一定会有所改善的吧。

你觉得这样的管理者是一个好的管理者吗？我觉得不是，这样的管理者是自私的，他所做的一切都只为了自身的利益。然而，为了显示自己的权力，确保自己的地位，管理者经常用“水涨船高”来解释自己和员工之间的利益关系。管理者认为，自己是水，而员工是船，只要自己的梦想实现了，那就证明员工也从中得到了好处。更可笑的是，还有一小部分管理者竟然吹嘘，所有员工都可以列出自己完成的目标以及得到的薪水和奖金。

可是，就算这样，有人来指责管理者吗？没有。现如今，工作文化时时刻刻都在督促人们不断前进，实现个人目标，然后抢得功劳。其实，这一点不仅在员工身上得以验证，在管理者身上表现得更加淋漓尽致。

你可能会说，你并没有见到管理者强迫员工去做了什么，也没有见到管理者为了自己的利益做了什么。但实际上，情况并非如此。管理者们深知自己不能直接站出来说，他们所做的都是为了他们自己。毕竟，这样的话，他们不仅会失去信誉和尊重，还会失去员工的信任。当然，那些善意的管理者可能并未意识到，他们一直在这么做。毕竟，实现个人成就的观念在管理者的脑中已经根深蒂固。

为了获得员工的信任，大多数管理者会表现得很谦虚。一般情况下，管理者会假惺惺地说些听上去很悦耳的话来感谢团队里努力工作的人，但是管理者并不会给员工实质性的奖金、晋升。当然，有时候，管理者会给员工发点现金奖，或者在咖啡馆墙上“每月之星”栏目里贴上员工的照片。但是，对于员工来说，管理者表现得很谦虚，或者给员工一些小恩小惠，员工就愿意相信他了吗？其实，表面上看，管理者是在奖励员工，但实际上，管理者得到了更多的荣誉和薪水。这就是“水”涨了“船”吗？

毋庸置疑，这种服务自我的管理方式并不能成就员工。而且，大多数员工都不喜欢管理者声称自己的每一条指令、方针和规定都对团队有益。即便最天真的员工，最终也会发现这种话都是假的，感觉自己被利用了一样。我见过很多努力工作，完成艰巨任务的员工，最终都升了职或得到了奖金。但是，在这之后，这些员工就开始不思进取，他们这么做不是因为他们自己，而是因为他们的老板。所以，管理者的这种做法根本无法激励团队的奉献精神。员工长时间工作并不仅仅是为了完成老板的梦想，他们也希望能做一些其他的事情，诸如在外从事竞选、人道主义援助等理想主义事业等，但是许多管理者对此并不理解。

出于实现自我追求的目的，管理者并未意识到，自己的不断犯错会给员工造成影响。可笑的是，管理者通常会说，导致自己犯错的原因是老板没有给出正确的指令。正是如此，当管理者们对老板说自己知道了的时候，管理者们知道老板漏说了内容，但这正是他们想要的。其实，管理者知道卓越的管理就是，当下属接受工作任务的时候，给下属提供好的机会，让他们能顺利地完成任务，收获成功。但是真正到了实施管理时，管理者似乎又表现得同样愚蠢。

你可能会想，是不是管理者真的没有从老板那里得到正确的指令呢？你可以仔细地思考一下，高层管理者们总揽全局，他们需要让每个人各尽其能，以便公司能够成长和繁荣。这些高层管理者会发出错误的指令吗？

所以，如果你想要知道怎么做才能成为一个好的管理者，你需要沉下心思考，找到真正的自我。管理者不应该只是督促员工干更多的活，而应当充分了解员工的现状，勾勒出任务蓝图，让员工自觉主动，用自己的方式完成目标。这样的话，员工自然就会积极地面对工作。

卓越管理真正的诀窍是避免打消员工的工作积极性。

控制还是合作？

现如今，大部分管理者制订工作计划，完成工作任务，目的都是为了自身的利益，那下属对管理者来说，到底是什么呢？说得直接一些，很多管理者只是把员工当作完成工作的工具而已。

现实生活中，每位家长都希望自己的小孩变得优秀，于是，他们努力帮助小孩找到爱好，实现梦想。同样地，从某种意义上来说，管理者就是下属的“家长”。在管理的时候，管理者需要仔细观察每个下属，清楚地了解每个下属的特长和理想。然后，管理者要像一个好的“家长”一样，给员工搭建充分发挥他们潜力的平台，让员工与自己一样成功。简单来说，管理者要做的是用心去指导、帮助下属，而不是把下属当作给自己工作的工具。

要想成为一个好的管理者，你需要做的不是命令、控制下属，也不是把责任都归结到下属身上，而是给下属提供确保下属能够顺利完成工作的条件和帮助。当然，管理者和下属之间是一种相互负责的关系，他们能够互相帮助，完成各自独立的任务。对公司来说，这种合作也是十分必要的。管理者做好为下属服务的工作，下属负责完成自己的任务。

而令我感到诧异的是，当下属未完成公司布置的任务时，管理者却受到了褒奖。之所以感到诧异，是因为管理者竟然用推卸责任的办法来获得褒奖。我已经说过，管理者的工作是给每个员工提供支持、指导、照顾和帮助，以便下属能以自己最擅长的方式取得最佳业绩。这样解释可能会更容易理解一点儿，当下属没有完成个人目标的时候，管理者也应该承担起相应的责任。

当然，不是每个人都能完成公司布置的任务。就像管理者一样，下属自身也有缺陷。当下属犯错，没有完成任务时，公司应当采取惩处措施，或者对其降级。但是，平心而论，一般情况下，下属没有如期完成工作任务的原因很可能是，管理者给下属分配了不可能实现的任务，或是没有给下属提供完成任务所需要的额外资源。

为什么管理者会给下属分配不可能完成的任务呢？还是因为管理者对下属没有足够的了解。确实，管理者应该花一定的时间去了解他们的下属。因为，如果管理者不了解下属的能力和缺陷的话，管理者就不知道该怎么去分配工作，这样就会直接导致下属犯错。除此之外，当下属犯错误时，管理者也应受到处罚。我认为，公司里的人包括老板在内，都需要发挥自己的特长，把事情做到最好。之前，我在一些公司做演讲的时候，已经提醒过一些管理者。我告诉他们："在你或是你的下属进步之前，你都需要不断努力，你的任务就是激发每个人的能量，让他们为公司创造价值。"

试想一下，如果员工没有完成任务，管理者也要受到惩罚的话，我相信管理者和员工都会很在意这个任务，他们会一起努力顺利完成这个任务。我很欣赏那些能和下属直接进行沟通讨论的管理者，他们能够和下属一同讨论在工作中可能遇到的困难，也能和下属一起完成工作。当下属说出真正的想法，并且很放松地回答了的问题，他们会把下属说的话记录下来，并询问下属是否有其他需要。但是，那些沉溺于追求自我成功的管理者，通常缺乏时间和精力来与下属沟通。即便有时间，他们也不会花时间来聆听下属的长处、缺陷、兴趣和希望。

管理者可能没有想过，如果不了解员工的话，他们就不知道怎么将员工划分为不同的类别，更不知道该如何管理。最糟糕的是，高层管理人员想当然地认为，当出现问题时，员工会向他们主动报告。

自欺欺人并不能掩盖管理不善的事实

很多经理都承认，他们所谓的制度对员工的工作效率造成了影响。但是，很少有经理大声说，问题究竟在哪里，他们只是通过陈述问题来暗示大家，是时候采取补救措施了。而那些觉得自己有义务解决问题的人，通常只会尽量安抚员工，不会说或做任何可能激怒经理或上级的事情。为什么经理们在为直属下属解决问题时，会表现得手足无措呢？为什么他们如此担心激怒同伴呢？无论什么原因，他们都不会公开讨论这些的。

无论不良的管理行为是规定还是例外，这些问题都是经理们无法回答的问题。出于某些原因，经理们不得不采取双重思考的模式。即便知道问题出在哪里，经理们也不会直接说出来。

如果一个管理者的核心责任是为直属下属提供帮助和支持，那么，为什么那些报告不合格的管理者被认为是成功的呢？这些管理者是否应该承担更多的责任？为什么管理人员没有废除或者改正那些阻碍员工工作的协议呢？而且，当下属不敢告诉管理者自己的真实想法时，管理者又是如何自欺欺人地认为，自己在践行良好的管理行为呢？其实，如果管理者主动承认自己的管理确实存在问题，那管理者的形象就会受到损害。这就是为什么管理者即便知道管理本身存在问题，也不愿意提出来。

这就是双重思维的切入点。当管理者的行为造成不良的影响时，管理者就会用双重思维来为自己辩解。管理者会说：“这就是我应该做的事情。”管理者还会称他们的行为就是“有效的管理”，双重思维使管理者有了一个不遵从自己内心想法的借口，管理者可以理所当然地认为，他知道管理本身有问题，但他不得不这么做，这就是最正确的做法。这也使“涨潮把所有的船都抬高”合理化，事实上，公司里的每个人不会完全地履行好自己的职责，也不会给其他人心甘情愿地做嫁衣。

其实，善良的管理者并不想让自己依靠双重思维来管理。而承认使用过双重思维方法的管理者也不会认为自己能做好管理工作，他们会觉得自己自私自利、善于操纵。但是，工作文化迫使他们不得不这么做。

什么叫做“双重思想”？

事实上，**无论人们如何试图墨守成规，如果想要改变，就一定可以改变。**任何一个社会学家或人类学家都会告诉你，文化是一种社会建构，而不是一个独立存在的实体。这意味着人们可以创造它，也可以改变它。在我看来，人们对双重思想的容忍度会越来越低，高层管理者总是说，他们想把变革的想法传递给那些拥有支持的管理者，但这似乎是一件很难的事情。

举个例子吧。曾经，一位在航天领域工作的首席工程师向我描述了他们公司的一些情况。

在一次会议中，有人提出了一个对公司十分有益的方案，但是，每个人为了维护自己的利益，都不愿意采取行动。一件简单的事情，到最后变得这么复杂，这让我感到十分不解。和其他航空以及国防领域的公司一样，我们公司也即将迎来一波退休大浪。我对我们接手的糟糕工作深感困惑。更让我不解的是，这些糟糕的工作原本是由从事这方面工作的专家所做的。我认为，在很大程度上，由于我们复杂的管理制度，我们完全没有机会参加新员工的培训。

简而言之，公司采取的是“矩阵型管理”的方式，这意味着员工有两个典型互斥的管理链，一个应用于他们的职能（即软件工程），另一个应用于产品线业务区域（即卫星通信）。而且，员工普遍认为，当程序上出问题时，每个部门都应该在部门负责人的指导下发挥其本身的职能。当我们公司的工程师里克快要退休的时候，所有人都感到很恐慌，大家不知道里克离开以后，公司会发生什么样的变化。很快，每个人都向负责软件工程的部门经理寻求答案。大家指望着他点头，给出一个确定的答案，但他只是照本宣科而已，没有给出明确回复。管理层中的任何一方也都没有人说会找人接任里克的工作。在公司工作的这段时间里，我已经看到过不少这样的事情了，在即将退休之时，我们并没有完全做好应对一切的准备。当然，我也听了一些类似于已经发生或者将要发生之事，但这些都是废话，因为软件工程组织缺乏培训的预算。即使有人想要像他们假装的那样训练替代者，他们也做不到！

令我感到震惊的是，那么多聪明的管理者竟然可以袖手旁观，眼睁睁地看着一场即将发生的灾难发生，却没有指出显而易见的事实：像我们这样的职能型组织，如果没有资源来解决摆在面前的问题，那么，他们所有的点头同意并不意味着什么。但是，当出现问题的时候，没人会记得根本没有训练预算。他们会装聋作哑，开始推卸责任。每一个被问及的人都会说："我完全想要让新上任的人接受培训，但任何培训都会造成成本超支，都可能会对我们未来的生意产生负面影响。"既然每个人都犯了同样的错，就没有人会再对别人指指点点，也没有人会受到诘责。

好吧，让我问问那些熟悉大公司管理的人：你对这位首席工程师描述的事情感到惊讶吗？你也把这叫做良好的管理吗？你认为这家公司发生的事情与其他公司或其他行业发生的事情有什么不同吗？我敢打赌，你知道什么是正确的。通常，在"管理不善"的情况下，公司的损失最大。面对这种糟糕的管理，经理们表现得就好像他们是对方双重思想的人质，害怕卷入其中一样。

他们没有自己撸起袖子加油干，努力消除障碍，而是让他们的下属提出解决方案。在短时间内，他们会像事后诸葛亮一样，放“本应该这么做”的马后炮，来逃避工作停滞不前的责任。他们可能会因为自己的不作为遭到批评，但这远不如他们想象得那么强烈。我很难把他们的失败称为“失败”，但也不认为他们真的不能承担起管理的责任。

在某种程度上，我们很难确定到底是谁的失职导致了这样的结果。我猜想，到最后，由于这次故障而受到指责的是航天工程师，而不是他们的管理人员。令人感到遗憾的是，我发现很少有管理者意识到，员工陷入困境，在工作中表现得很糟糕，是管理者拒绝采取行动的结果。轻易地让员工做替罪羊，正是管理者双重思想的体现。

不要误解我的意思，不是所有的管理者都要推卸责任。与一些管理者的谈话让我相信，大多数人都有能力认识到，什么事情是应该去做的，也就是说，当一个人需要采取行动时，另一个人亦是如此。相反，对于管理者来说，当他们自己的不作为受到质疑时，他们很容易就会选择逃避。航空航天人员的问题就清楚地表明，人们所需要做的就是点头。

因为层级结构的原因，经理无需对员工做出回应。而即便经理做出了回应，也只是口头上的承认，比如“谢谢你提出来”“这是非常重要的，我会好好考虑的”之类的话。当然，员工们也非常清楚，上级老板永远不会听到他们的建议。当后果变得不容忽视时，一些管理者甚至会实施自上而下的控制和程序监督的措施。他们会以不愿修复破损的系统所造成的情况为依据，来证明有必要对员工进行监督。

这就是我谈论的双重思想！

你以为糟糕的管理不可以预防吗?

从某个角度来说，这种结果就是由管理者的双重思想造成的，但有些管理者就是无法控制自己不去这么做。为了挽回自己的面子、维护自己的信誉，即使管理者认为有些事情确实需要改变，但随后他们又会争辩道：“我们现在不能这么做。”为什么呢？因为他们认为，除他们之外的管理者缺乏足够的管理技能，没有自上而下的控制能力，他们只是和员工一起进行批评。在管理者看来，他们正在为他们的同行提供良好的服务。他们认为，要让那些不称职的管理人员保持对他们的信任和尊重，自己就得先学会含沙射影和躲避指责。

喂？有人在听吗？确实是这样，管理者受双重思想的影响，认为向员工说谎就是为了保持员工对自己的信任。更糟糕的是，只有极少数的管理者明白，等级制度不应该出现在人际关系中，而这些为数不多的管理者，即使明白这个道理，在现实工作中也不知道应该怎样做。

对于企业来说，等级制度有利于其改善管理结构，而在现实的人际关系中，它会产生负面的作用。它的存在让员工在工作过程之中摆出防守的姿态，使其不愿向管理者寻求帮助。在员工们看来，暴露他们与管理者之间的问题会让他们处于劣势。事实上，大多数员工也都觉得，如果他们向管理层说，在自己困难的时候，管理者没有向他们提供任何帮助，他们不但得不到管理层的支持，甚至还会招致批评，他们担心自己未被满足的需求被人听到，然后传到经理耳中，经理会觉得他们是在抱怨，最后自己就会落到降级的下场。

因此，我们必须告诉员工，他们需要表达自己的担忧。即使公司没能提供足够的安全保障，员工也需要畅所欲言，并在管理者打断他们时予以反击。因为，如果员工没有及时表达出自己的想法，即使大家都知道是谁的过错，到最后也会怪员工没有说出来。

这儿有一个例子，一位朋友讲述了一个员工为何不愿开口说话。我相信我可以收集上千个类似的例子。

公司的CEO让我做一个提案，以客户预算两倍的价格提供给他们一个广告平台，所用的方法却不能满足其所需。我发现自己根本没法告诉他，他的整个提议百分百都是错误的。在过去的合作中，当我在自己所专长的问题上发表异议时，我经常被忽视。他让我觉得我是个不服从命令的士兵。所以，在这种情况下，我温和地表达了自己的反对，并告诉他，一切他认为最有利于客户团队和我们公司的事情，我都会去做。这是我故意为之，我拒绝表达自己多么强烈地认为他的做法背叛了客户对我们的信任，而这种信任曾为我们赢得了这份业务，不出意料我再一次被忽视了，我敢说这是我换工作之前，最后一次表达自己反对的意见。

上面这个故事揭示了我所说的“上级指令”与“限制权力分担”带来的负面影响。一位沮丧的雇员总结出这样的规律：相较于说出他所认为的对公司最好的措施，取悦老板能为他带来更大收益。谁来承担这种代价呢？答案是客户。而一旦客户尝试别的项目，最终的受害者将是投资者。在我看来，这位雇员的处境与面临是否检举揭发抉择的VHA管理人员以及通用汽车公司的工程师是类似的，出于对管理者的畏惧，他们选择保持沉默，而病人和司机却因此付出了生命的代价

我发现一个规律：无论何时，只要等级制度被加入到工作关系当中，雇员们不出意料地会将想法深藏于心。他们不但害怕站出来

为公司争取利益，还害怕维护自己的权益。出于对经理的畏惧，他们不敢表达自己真实的想法，也不知道这样保持沉默会带来什么样的后果。类似于“这是我需要你在思维模式与管理方式上做出的改变，以此保证工作能够按最佳方式进行。”这样的话，雇员们根本不敢说，以至于经理们享受着他们所期待的忠顺与服从，却鲜有人意识到这只是一种惟命是从。事实上，大部分经理都不知道，在等级制度下，无论雇员们决定说真话还是保持沉默，经理都有权追究他们的责任。

但是，经理们自认为自己有单方面的追责权，就不把下属的评价当回事，这是不正确的。雇员们的意见被歪曲，他们进退两难的窘境不能被经理理解。如果想要让经理认真对待雇员们的建议，雇员们只有承认自己无法把工作做好。我想，他们大概是怕经理给他们贴上无能的标签而非反思自己管理上的失误，才这么做的。由于双向思维，他们很容易这样思考。于是误解的恶性循环就会不断地继续下去。

责任需要管理者和下属共同承担

现在，你应该明白我说的了吧。经理们和我们一样，也是人，他们不是完美的，也需要精神支持，也想要在人们心中塑造好的形象。不过，仅仅以单方面的追责权和双重思维作为支持，我们就期望经理们意识到自己的错误与缺点，辨明下属的欺骗与渎职，这是不现实的，但这会使他们付出代价。经理们越是利用双重思维，便越会给别人留下不合逻辑与虚假的印象，以至于在未来某个时间，有些人会发现，揭穿这一切相当有利可图。经理们现在的权威就像是靠时间垒砌起来的危楼，一旦某处被捅破，整栋楼便轰然倒塌。

我发现，几乎没有经理能拒绝单方面追责权与双重思维带来的短暂便利，我所知道的抑制经理使用这二者的最佳方法便是，消除人们互相怀疑的动机。这个目标可以通过改造管理者与被管理者的关系，使追责权由单方面变成双方面来达成。

当结果不尽如人意时，雇员可被追责，当雇员表现尚佳时，经理可以被追责。当双方都不成功时，没有人是赢家，但双方都因制度的透明化而获益。当雇员没能取得好结果时，经理的支持、引导与疏忽都将被拿到显微镜下仔细审视，这就给了经理们一个理由，让他们能恳切地询问各位雇员的需求，告诉雇员无论他们说什么都没有错，让经理们抛开自己的面子问题。这样一来，双重思维便会成为一种负担。对此我还有许多想说的，之后我会一一提及。

还有许多重要的问题没得到解答。为什么一些经理在雇员发表观点之后，仍一意孤行，玩弄权力，压制雇员的呼声，忽视下属的投入，做出自己想做的决定？是什么纵容着显而易见的管理难题被明目张胆地放在一边得不到解决？这些问题的答案使我们更理解，经理们将好的意图转变为好的结果是所面临的核心障碍。要得到这些答案，我们需要剥下洋葱的另一层外皮，观察人们是如何被提拔上管理岗位的，了解他们一步步升任更高职位时所需的社交技能。这就是接下来我要为你们叙述的内容。

CHAPTER 3 第三章　带团队，你需要具备什么？

如果想要实现良好的管理，经理们需要掌握的技能有哪些呢？在现实工作中，大部分人只掌握了工作所需的硬技能，而并没有团队精神，也不具备交流和倾听的能力。但事实上，这些软技能对一个想要获得成功的管理者来说是十分重要的。

在职场中，我们经常会听到某个人被提拔上管理岗位，理由是这个人随叫随到、适应岗位、业绩优秀等。但事实上，公司选人的标准很简单，只要某个个体或组织相信被选中的人能将分内工作顺利完成，那么，被选中的人就顺理成章地爬上了管理岗位。当然，被选中的人往往技术精湛，务实可靠。但需要注意的是，他们并不是因为具备了超高的情商和团队精神，或是高效交流与倾听的能力而被选择。我们都知道，实际的情况是，只要他们拥有公司人力资源部商定的一个经理所需要的一切技能，他们就会被聘用。

我们需要牢记于心的是：管理有两类工作，一类是职能管理工作，另一类是人员管理工作。就职能管理工作来说，在某种意义上，职能是一种活动，人们能看到活动发生的过程，也能从活动预期中看到一个确切的结果。比如，销售就是一种职能管理工作，除此之外，工程造价、市场营销、维修、会计、信息技术等一切能够达到我们预期效果的活动，都是职能管理工作的体现。而对于人员管理工作来说，人们在竞选经理的过程中，能够获得对待下属的方法，同时，也能学得必要的社交技能，以更顺利地迈向下一个阶段，最终达到更高的高度。

我发现一个规律：大部分选拔者都认为自己能成为经理，并为之付出行动。在招聘过程中，许多选拔者只强调核心竞争力，却不将合作意愿与合作能力列入考察范围。似乎只有在一个新经理陷入麻烦后，人们才会想到是他的社交能力出现了问题。而这里所说的“麻烦”可能是糟糕的工作结果，也可能是员工对管理方式不满而产生的抱怨。

不过，员工的抱怨很少被称为“麻烦”。他们的抱怨往往是因经理在适应新环境时所做出的不合理举动而起。在员工看来，尽管这位新经理刚上任，他也没有必要做出这些举动。确实是这样，假设你是这位新经理的下属，你希望看到他在工作中思想不集中吗？或者，你希望看到他因领导的审查而心事重重吗？反正我不会。

好的管理者需要做出好的安排，要给予下属足够的机会，让下属亲自解决问题。对于新经理而言，更是如此。当然，当不止一个员工抱怨时，管理者最好给予一些帮助，这样事情才能按照我们预想的那样发展下去。其实，针对这样的问题，更好的办法是将问题扼杀在摇篮里，管理者要对这类经理人进行一些辅导与训练，帮助他们能与其他人达成伙伴关系，以免他们的迟钝妨碍到其他人。在这个过程中，任何人都能做经理的假设便不攻自破了。

我知道，我所描述的经理选拔方式与大公司采取的选拔程序大相径庭。是的，在招聘过程中，许多大公司的面试官和人力资源专家都会把社交能力放在首位，这也是大公司能够形成一套先进选拔程序的重要原因。而对于很多普通的公司来说，在实际招聘过程中，人力资源部对应聘的人员进行审查过后，招聘的最终决定权还是回到公司管理者的手中，而公司的管理者优先考虑的是这个应聘者是否有能力完成工作，他们并不担心这个人是否具有良好的社交能力。他们认为，这种能力是与生俱来的。说得直白一些，这就是一种“先把工作完成了，再把他们培养成经理”的心态。

这就是为什么伶牙俐齿的星级销售员会被提拔为销售经理，他出色的成绩已经向上级证明，他能够顺利地完成自己的工作。而这个时候，上级才会考虑到，他的做法也许能潜移默化地影响其他的销售人员，于是便任命他为经理了。

其实，管理者选拔经理的原因并不是觉得某个人真的很优秀，值得被提拔，而是某些管理者相信，太多类似的工作都被以不同的方式完成，在这个时候，他们担忧公司并没有采取最恰当的行动。于是，这些管理者便认定，是时候将员工集合起来，并指派一个经理来分配工作任务，监督工作质量。

是的，我描述这些事实的原因都是在说社交能力受到了忽视，然而，可惜的是，事实情况就是这样。这有一个十分恰当且具体的例子，这个例子摘录自我所教授的“领导力、动力与权力”课程的第一部分，该课程面向的是攻读MBA的在职专业人员。

我让这些学生分别描述一次成功或失败的管理经历，而这些经历必须是私人的，也必须具有代表性。为了不影响学生们的表述，我小心翼翼地表达了我的要求。最后，62个人中，有57个人写的是失败的管理经历，不过，令人感到一丝安慰的是，至少有5个学生写出了一段成功的管理经历。下边这个例子是其中一名学生描述的一段失败的管理经历：

在我遇到过的经理中，我觉得最差劲的经理就是我自己了。当时，前任经理在处理公司内部骚动的时候，被上级横插一脚，于是他就选择了离职，而另外两个经理候选人，因为从共同服务的客户手里收取回扣，被上级遗忘。不久之后，掌管ABC投资者纽约办公室的上级就轻率地选择了我。当上级要我担任经理职位时，我告诉他我什么经验都没有，但这并没有说服他放弃我，他告诉我不必担心，他会给我提供帮助，我只好指望他来帮我做决定。

我今年26岁，大学毕业已经4年了，这是我第一次从事金融类的工作。面对突如其来的任命，我感到非常焦虑，我至今都记得，当时的我有多窘迫。我缺乏人际交往的能力，也从来没做过管理工作，但是，我对这份工作满怀热忱、动力十足。我要管理的是一个由20名销售人员和5名证券交易人员组成的团队，他们每个人都有不同的背景和特定的目标。

回顾那段日子，我将大部分时间都花在了他们身上，我希望把他们塑造成我眼中华尔街精英应有的样子，现在看来，这是一个多么愚蠢的想法，我从没想过我应该信任他们，让他们找到属于自己的做事风格。我的上级本该和我一同管理这个团队，而他不但没有帮助我，还像对待一只狗那样对待我，我们的职称本应平等，可他却私藏信息，还假惺惺地与我称兄道弟。实际上，每次他不认同我所说的话时，我们之间所谓的友情便会衰退几分。

从这个男人的经历中，我们大概能找到面对现实还能保持乐观的理由。这个人为了获得MBA资质，努力学习；为了成为一个好的经理，选修了一门课来帮助自己。或许只有他自己知道，为了提升自己，他付出了什么代价。即使负担着高昂的学费，无论是深夜还是本应该休息的双休日，他都坚持学习。他已经做到了一个有强烈学习意愿的人所能做的全部事项。

但是，有个很重要的问题：MBA是否真的能提供他所需的“货物”，这还不得而知。毕竟，最新的数据显示，每年有超过10万的MBA学生从美国的大学毕业。这意味着，在10年之内，美国的公司里将会多出100万个MBA，其中很大一部分都在做着管理工作。这本应该是个好消息，但对于现在的情况来说，可能就不是了。过去的MBA课程可能已经不适用于当今的社会情况了，但并没有证据表明这些课程已经被删去了，所以，那些MBA毕业生可能根本就学不到他们想要的东西。

MBA学校教会了你什么？

每年，大量的毕业生都会涌入社会，寻找适合自己的职位。从这些毕业生身上，我们可以明显地看出，经理无法实现卓越管理的原因，一定程度上是学校教授的内容不切合实际。

当然，学校也确实教授了一些人际交往技巧，诸如“高效倾听”“谈判达成技巧”等。但是，诸如主动征询意见、分摊权利、自我评估等学员工作急需的技能，学校却并没有教授。这就使很多学生不懂得，说话的技巧对于人际关系有多么重要。他们没法真正投入到别人的谈论中去，尤其是如果别人正在谈论的观点与他们想听到的相悖，他们就更没办法融入进去了。然而，倘若他们能将这看作是一个强化自己并发展上下级关系的机会，而非不得不回避的障碍，他们将受益良多。

学校几乎不要求学生们思考工作对自己的世界观造成了怎样的影响，也并没有要求学生们关注自己是如何与在职人员进行互动的。然而，这样的思考不仅对培养接受不同意见的能力至关重要，还有助于使他们意识到，讨厌他人的根本原因在于自己的内心。

然而，在MBA学院中，这类内省的话题即使在教学过程中被涉及，也很快就会被掩盖。因此，当这些聪明的学生踏入工作岗位的时候，他们自然而然就不会自省，也不会审视他人。毕业后，面对新的工作，他们只是做好了充分的准备去竞争，去占据地位，而没有学会尊重同事，与同事积极交流，也不懂怎样与思维方式不同的人建立起紧密的联系。

在当今社会中，我们经常将MBA学院和学院树立的榜样视作一个整体。与被裹挟在工作文化中的普通人一样，MBA学院的学员们对于与他人竞争从而获得地位与名望，有着异乎寻常的偏执。然而，运营这些学校的人们也同样如此，他们利用逐渐提升的学校声誉来证明他们的成功。

虽然这些学院被称为管理学院，但显而易见的是，他们的教学重点并不在管理上，而是在促成个体的自我成就上。在让学生支付高昂学费的同时，这些学院还顺利地提升了自己的名望。我们都清楚，一个学校的排名会受很多不同因素的影响，但是，最为重要的因素还是毕业生的个人成就以及毕业生是否找到了高薪的工作。但是，在我看来，如果这种情况一直延续下去，那么MBA学校将不再被称为管理学研究生院，而被称为成功学研究生院。

如果你不认同我的观点，你可以去查看一下MBA的课程。我敢说在大多数MBA学院，超过90%的课程都是有关管理技能和经济分析的，甚至即便有些课程确实在讲授“组织性行为”，但也只有很少的一部分会强调要重视他人导向。而那些把这些课程称为“软技能课”的学生，也没有认识到这是一个严重的误称，更不会试图去纠正它。

不过，从某种程度上来说，称它们为软技能也是正确的。那些成绩得A，但申请在外实习失败的学生并不少见。他们也许能够背诵理论，但并不知道如何看待别人所做的事情，也不明白为什么这些事情对他们很重要，更不知道该如何与那些和他们持不同看法的人进行真正的互动。欣赏和重视与自己观点不同的人，是所有管理者必须具备的能力，而MBA学校本应该是一个学习并实践这些技能最好的地方，可惜事实并不是这样，这的确令人汗颜。

当然，在要为社会做出应有贡献的价值观影响下，许多MBA学生都会参与到社区服务中来。因此，这些项目确实体现了他人导向的作用。但是，大学生参与社区服务的主要动机是学生自己想要建立一个吸引招聘人员的简历，以便把自己和其他人区别开来，帮助自己塑造一个与众不同的形象。

其实，MBA课程也强调了学生要重视团队合作，学习协调和自己有不同工作风格的同事之间的关系。这是一个学习去理解其他人，尝试让自己去做自己觉得不可能完成的事的机会。但这种学习机会往往也是为了赢得竞争和取得成功的。获得好成绩对毕业后取得好的工作至关重要，因此，为了获得一个好的成绩，学生之间进行团队练习，帮助彼此完成目标，这似乎是一个很好的途径。但在实际情况中，团队合作并没有被当成是达到目的的一种手段，而往往成为学生为了避免消耗时间采取的一种方法。

管理者的一门必修课

对于那些不聘用经理的管理者来说，如果想要将工作按照进度表顺利完成的话，他们不仅需要花费大量的时间来审查员工的工作，还需要执行大量的损害控制措施。因此，他们往往会承担很多责任，而对于那些需要被监督、无法抵抗外界干扰的管理者来说，他们无法承担这么多压力，因此，最终会失败。

管理者们发现，自己在不断进步的同时，也承担着多种责任，而其中任何一项都可以占据他们所有的时间。他们经常遇到不同于以前经历过的情况，面对这种陌生挑战，他们需要具备各种各样的能力。最具挑战性的是，当上级给管理者布置了无法完成的工作时，管理者会觉得自己受到了刁难，无处倾诉。

更复杂的是，越来越多的人认识到，同事之间形成的观点很大程度上决定了他们如何看待和评价整个公司。有了上级的命令文件，管理者可以坚定自己的立场，并坚持认为事情是按照他们认为正确的方式进行的。但是，当公司的同事表达不同观点的时候，管理者的好形象就受到了损害，可即便损害了形象，管理者给出的回答也并不是员工想要的。

管理者还发现，在漫长的会议中，自己已经能够摸索出，团队希望实施的措施是什么，即使这些措施对员工来说并不可行，但也并没有人强烈反对。为了避免冲突，管理者会选择实施这个措施，以至于他们开始偏离正确的工作轨道，忘记了自己应该真正相信的事情。渐渐地，管理者找到了能够使他们实现晋升的依据。在管理者的眼中，即使知道与员工建立良好的关系、管理自己的形象，对实现公司期望的结果十分重要的，但为了得到晋升，管理者学会了从思想层面的角度来看待他们所说和所做的每一件事。突然，工作和生活就都变得不自然，一切都开始被计算。

不过，很少有管理者能意识到，“权力丧失”意味着什么。他们认为“权利丧失”仅仅是源于职位的变动。当其他共事者与管理者之间产生竞争，并且管理者非常看重这些共事者时，管理者就不敢坚持自己的立场。

其实，即使管理者能够坚持自己的立场，考虑员工的建议，放弃只为得到晋升的念头，管理者也并不能顺利地工作。在实际的工作环境中，管理者一旦对他人坦诚，就会陷入困境，这样一来，他们必然会失去自我，成为一个被压抑的角色，被“驯服”。是的，愿意被“驯服”看起来是一种积极的品质，而高层也并不会认为管理者“退缩”了，反而认为管理者“成熟”了。最具讽刺意味的是，对于大多数管理者来说，只要他们停下来想一想，他们就会发现这一点：管理者所完成的一切似乎都不重要，上级赏识的是他们自身而不是工作本身。 在这种环境中，管理者除了迎面而上以外别无选择。在管理者心中，他们应该让自己保持冷静，给自己足够长的时间晋升到最高层，在那里，他们的想法会受到尊重，他们的判断也会拥有价值。于是，管理者把精力集中于使周围的人感觉良好，而发现人们需要什么，做什么才能让他们感觉良好，成为了管理者的一门必修课。事实上，管理者还没有意识到自己在做什么时，就发现自己已经进入了企业文化层面上的“魅力学校”。

“使你说话的语气变得柔和，改进生硬的地方；不要那么直率，给人思考的空间；使你表现得像一个有身份和权力的人；说话时，不要把手放在脸上；隐藏焦虑，展现自信；在演讲前做必要的装扮，把你的幻灯片限制在6张以内；拓展你的交际网络；永远不要错过赞美别人的机会；要确保人们知道你的名字；不要过度审查你的电子邮件，但要确保每一个相关的人都得到一封信；把信写得简洁一点，但不要太过简洁；不要为了强调而不断重复；如果你认为你能通过提示让观众理解你的观点，那不妨尝试一下，但也要确保这些提示能传达正确的意思……”这些都是管理者应当具备的交际能力。

但是，这些和MBA学生在学校中习得的能力有什么不同吗？

成为高层管理者之前，你必须积累的一种经验

从第一次升职到进入顶层管理圈，管理者很自然地认为，这个过程已经给自己足够长的时间去适应新的职务。这些管理者觉得自己很有优势，除了有许多长期合作的资源之外，他们还掌握着员工如何思考的第一手资料，他们更清楚地知道，这个系统是如何运作的，对很多人的能力也十分了解。

多年来，管理者亲眼见证公司遇到的阻碍，却缺乏冲破阻碍的能力。受到上级的鼓励，管理者自信地宣称，自己的想法能够重新引导人们走向成功。在我看来，这些管理者做得最好的一点是，管理者可以与公司的朋友外出闲逛、闲聊，享受放松的时刻。下面这封邮件，是一位新上任的高层管理人员发给我的，在这封邮件中，我几乎可以听见如释重负般的叹息。

你在SLC（高级领导委员会）会议上所做的评论以及你对中层管理者需要更多的“形象”而不是“真实性”或“物质关系”的批

评，都让我感到十分震惊。

我开始自省。在公司，为了取得成功，我一直在思考该如何抑制负面情绪，说出合适的话语，也一直在寻找一种令人愉快的方式与他人建立联系。几年来，为了维护我在人们心中的形象，我一直都小心翼翼。

会议结束以后，我遇到了一个曾经在西雅图一起工作过的女士，听了你说的话之后，我决定和她分享一些平常闭口不谈的东西。我告诉她我很疲惫，我甚至不知道晋升前那么长一段时间，自己是怎么度过的。她对此表示十分惊讶，她觉得我是一个和她有着共同精神，能让一切看起来都很容易的人。我告诉她，这只是我努力呈现的一个外在形象，也是为避免卷入斗争的一种防御手段。几分钟的谈话之后，她很感谢我的分享，并邀请我和妻子与她和她的丈夫共进晚餐，这是一个十分诚恳的邀请，而不是表面上的寒暄，我觉得她在努力为我提供一个更现实的机会。我期待自己能够变得真实，也想知道如何才能在我的新势力范围内更多地利用它。

虽然邮件里说的比其他一些事情更具戏剧性，但我发现，这封电子邮件描述的是很多管理者在第一次担任高层职位时真实的感受。

新晋升的高管会发现，他们的经验远没有他们想象得那么丰富，即便他们想要坚持自己的立场并进行改变，他们也缺乏实施这些行为的能力。不过，新晋升的高管确实做出了对自己来说似乎很合乎逻辑的改变，但这些改变似乎使他们的员工感到不安。不久前，被提升为首席运营官的一家广告公司的经理对我说了下面一段话：

对于基层管理者和员工来说，他们似乎都不愿意离开舒适区，他们害怕暴露隐藏的问题。而且，这些基层管理者和员工都是和我一起工作了很多年的人，我很重视这些人提出的建议，这样一来，就算基层的管理者和员工提出的建议和我所想的相悖，我也会认真考虑他们说的话。而这样做的结果就是，事情没有按照我想象的那样进行下去。当我发现自己回到了原来的位置时，我就会试图重建信任。那些我自认为能快速提高工作效率的方法，到最后，都被证明是不正确的。突然之间，我对一切都感到不确定。

多年来，我都带着批判性的眼光去看待那些客户经理。这些经理的客户似乎从来不知道机构是如何运作的，也不了解公司是如何对客户的项目进行定价的，在一定程度上，这都是客户经理的失职。当客户经理在代理机构里展示他们的客户需求时，他们表达得也总是那么的含糊。在会议期间，他们总是告诉客户不要担心项目会超出预算，但事实上，项目总是会超出预算。

升职后，当我与这些客户经理私下会面时，我都会感到惊喜，我开始觉得是我错怪他们了，于是，我越来越内疚。这次会议以后，我虽然忘记我在会议上说了什么，但我开始怀疑我是否需要改变自己的态度。我意识到，我期待着与这些客户经理单独会面的原因是他们带来了好消息，总是对我说奉承话，我明白我最初看待他们的观点是对的。这些人并不了解我们的事务，只是告诉客户他们想听到的东西来维持职位。然而，我们的客户却对他们很痴迷。那么，我该抱怨谁呢?

顶层职位的团队合作

大多数人都认为，当管理者到达顶层时，管理者的首要任务就是提升公司的整体业绩，确保公司的整体利益。事实也确实是这样，而且，没有人比CEO更想要这些，毕竟CEO要对公司发生的一切负责，他根据各级管理层的报告进行决策，把公司的利益放在任何事情之前。

CEO不希望看到，营销部门因为原有产品更加热销，就牺牲新的产品，沿袭过去的模型来达到销售目标，更不希望看到，高层管理者卷入地盘争夺战之中。CEO想要高层管理人员把企业的利益放在首位，从企业角度来审视每一个决定，并采取行动。

不过，如果仅从理论的角度考虑，每个顶级经理都会同意，类似营销部门沿用旧的模型来实现销售目标这种做法，没有人会有不同意见。因为，公司的利益并不能代表管理者的偏爱。

但是，这并不是大多数高层管理者的做法。走上顶层危机四伏的旅程让他们决定，不再让自己轻易地受到伤害，无论实际情况多么迫切，或是机会多么巨大，他们都坚持生存的信条：永远要心中有数；完成你和从属于你的单位被指派的一切事情；不允许任何人侵犯或行使你的权力；不要用任何领导知道，但不希望别人知道他们知情的事实，来对抗任何领导者。是的，在司法权益得到保障之前，他们不会为了更大的利益而牺牲自己。当公司做得不好时，管理者会感到有些痛苦，但是，当他们的权利不符合心里预期时，他们害怕的不仅仅是痛苦，更是职业的损失。

即使CEO们能够意识到我所提出的一切，他们也会被欲望所诱惑，从而依旧“按例行事”。CEO们并没有意识到，他们为公司的高层管理团队指定顶级经理人，并不是出于自身积极工作的信念，而是他们内心对团队的不信任。起初，高层管理者会对自己被赋予的地位感到荣幸，但他们很快会发现，自己已经处在无止尽、不必要的会议中。而CEO却认为，这些会议对于高层管理人员来说是至关重要的，至少，会议是一个机会，可以让他们在房间里共同审查一些人，或是一些不履行以公司为先的案例，所有影响公司运营和盈利、战术和战略、现在和未来的事项都会被讨论。

我观察并咨询了数十家公司的CEO领导团队，发现一个现象：这些CEO都希望公司的高层管理人员对所有问题都能发表意见，而对于那些热点问题更是这样。他们甚至希望敦促他们的高层管理人员对超出他们管辖范围的事情发表意见。没有CEO喜欢看到装腔作势、谨言慎行、不发表任何建设性观点的管理者，CEO想要让局外人的观点和高层管理者的意见相互影响，从而形成一个完美的观点。CEO们认为，任何被共同决定的事情，其背后的逻辑都会渗入到每一个工作单位和每一次活动中。

不幸的是，对于CEO和公司的股东来说，不管公司有多大的优先权，大多数高层管理人员都畏惧风险，宁可谨慎行事，也不愿意将管辖的事项提上日程。正如许多人看到的那样，许多高层经理认为他们已经完全加入了这个行动，但却故意忽视了自己抵抗的事实，他们说着支持的话语，却拒绝给予别人了解管辖事务的机会，他们不会表明自己的立场，也不会去暴露其他问题。尽管这样，我还是祝任何一位天真到期望在高层领导团队会议中能进行坦率讨论的CEO好运。

那么，到底是谁被骗了呢？是CEO还是他们的高级管理人员？在大多数情况下，受骗的都是CEO，如果CEO是从外面的公司来的，那他的情况就更糟糕了。我并不是说CEO没有得到高层经理的坦诚就不会成功，我说的是，CEO不应该幻想，那些乐于做自己事情的高层管理者会安心地信任他，特别是当CEO是新来的人时，就更不要这么期望了。

一个发生在《洛杉矶时报》的故事

我接触过一个惊世骇俗的案例，它就发生在《洛杉矶时报》。当时一个记者打电话给我，询问我该如何应对公司的这一情况——公司新出台的休假政策引起了员工的激烈反应，员工个个都很愤怒。

2014年11月13日傍晚，每一位《洛杉矶时报》的主管、经理和雇员都收到一封由“内部通信”发送的介绍新酌情休假（DTO）政策的电子邮件。邮件用2000字描述了一个新的休假政策。这个休假政策将于6周后的1月1日开始实行。与以往的休假政策不同，新的政策规定想要休假的员工只需要询问他们的老板，如果老板同意，那么员工的休假请求就会得到批准。更让人惊讶的是，尽管员工在任何时候都可以休假，但公司会扣除大量的请假费用，这对公司来说，节省了一大笔开支。

我被要求发表评论的原因是，在休假政策被公布之后，不仅员工们开始狂怒，监督者和管理者也受到了影响。毫无疑问，他们确实感到心烦意乱。即使他们觉得这个政策异常离奇，但是到了休假的时候，他们也不得不向老板发出请求，而且他们不能大声抱怨，每个追求事业的管理者都知道抱怨并不是明智之举。

在经历了2008年经济衰退期的裁员之后，大多数员工都积累了丰富的经验。从我对新闻机构的了解来看，这些聪明且博识的人完全有能力想到更多的负面影响，而不仅仅是被“骗取”时间。但他们并没有把这些负面影响表达出来，毫无疑问，这些人担心的是，他们的直接监管者会用他们获得的额外好处来威胁他们。但是，当他们要求休假的时候，他们也准备了阿谀奉承的语言。而对于管理者和监督者来说，他们也面临着很大的压力，他们要编故事来解释，为什么即使一些人休假，他们也能在人手不够的情况下顺利完成工作，同时，他们还要为自己辩护，不让别人指责他们的偏袒。不管从哪一个角度来看，这个酌情休假政策从一开始就是荒谬的。

有时候，人们能很快恢复理性，这是一件令人十分愉快的事情。8天后，大家被闪电般告知这个计划被撤销了，但是，在这之前，这个计划已经对公司造成了很多损失。

那么，我所表述的情况是如何发生的呢？为什么那些高层管理者明明知道员工不喜欢DTO计划，还允许DTO计划继续实行下去呢？毫无疑问，这样的计划本身就是从最高层开始的。在《洛杉矶时报》这家公司里，有一个人仅仅工作了3个月，他既是报刊界的新手，也是出版业的新手，但他却同时拥有了出版商和CEO的头衔。他的资历显示，最初他是一名银行家，在华尔街赚了数百万美元，然后在洛杉矶当了象征性领取薪水的副市长，获得了大量的公民支持，之后还成为一名慈善捐赠者，同时，他还是几家艺术和社会服务非营利组织的董事会成员。作为一个八面玲珑的人，他带着许多身居高位的人来到这里，然后作为首席执行官的“左膀右臂”给日常的行政管理提建议。在升职之前，他花了10多年时间管理公司人力资源部，并且在那之前的几年里，他也一直在公司工作。这是一个有着“人力资源部高级副总裁”头衔的人传递给我的消息。

总的来说，如果有这么一个人，既有足够的时间去了解中下层经理、主管和受薪员工对开放式年假计划的反应，又能精明到使用化名“内部通讯”来保证他的名字不出现在人们收到的最初声明上，那这个人一定是我之前提到过的那个“他”。事实证明，推行开放式年假虽然是新首席执行官的想法，但他也确实参与其中。在我看来，即便这就是公司的高级副总裁应该做的事，但他与首席执行官同谋的事仍然不希望被公开，而暴露这件事的证据就是3天后发出的后续电子邮件。信中满是甜言蜜语，并且都有他的亲自签名。为了平息骚动，他写了一个简单的信息：“试一试，你会喜欢它的。”更可笑的是，尽管员工对这个政策感到愤怒，而管理者为了平息愤怒也采取了行动，但事实上，员工对于政策本身根本就不敢提出任何反对意见。毫无疑问，大多数高层管理人员都被咨询了，政策的变化影响了在《洛杉矶时报》工作的每一个非工会人员，任何一名经理如果想要对这一行为表示反对，都不会有任何困难。但显然没有人这么做，因为即使他们提出了反对意见，他们也没有足够的力量来做出改变。

现在，我们可以看一下事情的结局。顶层的人是否有责任呢？又有哪位正直的人愿意为此承担责任呢？没有，除了我之前告诉你撤销改动的措施之外，没有一个人愿意出来承担责任，甚至也没有人对这件事造成的后果感到抱歉。

撤销的通知并非来自《洛杉矶时报》的首席执行官，也并非来自高级副总裁。令人尴尬的是，它来自芝加哥的大老板，他是公司的出版商兼论坛媒体公司的首席执行官，也正是那个聘请《洛杉矶时报》首席执行官的人。他写了一封亲昵的电子邮件，这封来自“杰克”的邮件将抱怨的群众称为“同事们”。作为一个不拐弯抹角的人，他简洁地掩盖了这件事。接下来，我们来看看邮件的第一段。

同事们：

之前说明中概述的休假政策变化引起了公司内部员工的困惑和关注。此次说明的目的是让您知道，在仔细考虑员工的宝贵意见之后，公司决定废除开放式年假政策。

这一表述是没有问题的，然后，在3个同样简短的段落之后，他这样收尾：

感谢您的理解和帮助，我们承诺将努力推动公司进步。

祝好

杰克

在研究这个案例时，我发现《洛杉矶时报》的出版商兼首席执行官确实没有参与其中，但在我看来，他必定是这件事的发起者。回想起来，3个月前，《洛杉矶时报》曾发表过一篇描述自己使命的文章，在这篇文章中，我发现了他在这个计划中的踪迹，当他谈出版商的工作时，他说："这是一个必须改变才能实现繁荣的组织，如果他们寻找的只是看护人，那么他们选错了人。"

不幸的是，对于《洛杉矶时报》的员工来说，他们似乎确实得到了看护人，这个看护人就是《洛杉矶时报》的首席执行官，为了避免对引发的灾难负责，他采取了很多谨慎的措施。而这一次，从他的老板保护他的行为中，他应该学到一个重要的教训。杰克知道他在战斗中有一位帮手，并且在这一次帮助"同事"的过程中，他知道如何保护这位帮手的安全。另一方面，即使"大老板"对其进行了巧妙的保护，但作为《纽约时报》的高层管理人员，没有完成自己的职责任务，会不会被他人取代呢？杰克也许会任命高级编辑为首席执行官"监护人"，也可能让他成为"替补力量"，以防首席执行官需要被换掉时，无人可选。

高层管理者的不安全感来自哪里？

无论是在盈利的公司里，还是在没有陷入财务困境但处于非盈利状态的公司里，作为一个高级管理人员，在老板要求他们确定替补人员并确保其受到充分培训时，都会感到不安。然而，让高层管理者更加焦虑的是，首席执行官一个人就可以解雇他们。但这个问题也很容易解决，高层管理者完全可以直截了当地陈述自己的问题，证明自己可以出色地完成工作，保证没有人拥有足够充分的技能去替代自己。

现如今，高层管理者用加薪和奖金过着美好的生活，他们的个人储蓄不断积累，生活方式不断改善。但尽管如此，许多管理者仍然担心周围有人能用更少的工资取代他们。为了避免这种事情发生，很多管理者都渐渐习惯用自我保护的方式来确保工作岗位的安全。类似管理者这种自我保护的方式，我在小时候就已经见过了。而事实上，在我见到公司的人使用这种方式之前，我一直认为是我的贝茜姨妈发明了它。

我的母亲罗斯有两个姐妹，一个叫凯特，另一个叫贝茜。她们都是面包师，而贝茜是她们之中做得最好的。她在芝加哥的烘焙声誉可以与朱莉娅·查尔德相媲美，每个尝过她馅饼、面包或蛋糕的人都说他们从来没有吃过这么好吃的东西。聪明的人总是在问她要食谱，而贝茜也慷慨地分享了食谱。但是，只有我们家人知道为什么没有人的烘焙技术能与贝茜姨妈相提并论。事实证明，讨要食谱的人并不是那么聪明，因为贝茜给出的食谱都不是她真正使用的食谱。在写食谱时，贝西阿姨总是会保留一些东西，或者调整一种材料的用量。

事实上，许多顶级经理也会做出类似的行为。仔细观察的话，我们会轻易地发现一个规律：那些将要替代他们的人总会时不时地搞砸一些事情，每次都有不同的原因，并且几乎总是在多方营造的环境中，替补人员被要求解释他们毫无准备的事，报告一个所给信息不足或本身就不正确的项目。因此，直到顶级经理决定离开的那一天，他们的替补者似乎也不可能做好充分的准备去代替他们。

我知道，那些努力成为管理者的善良的人们，并不希望看到，我在本章中揭示的他们为了成为管理者而付出的艰辛。但我还是要说，管理者获得人际交往技能的动机，更多的是为了树立形象和抵御批评，而不是为了提高员工的工作效率。而现实工作中，管理者的形象也比其他人看到的更加脆弱。我在这里的讨论相当肤浅，管理者在为员工提供他们应得的良好管理行为时，即使他们自己感到足够安全了，但实际上，他们会遭遇的危险比我之前略微提及的还要多。这就是我将在接下来的两章中要详细解释的内容。

PART 2

洞察：剖析管理者隐秘的内心

CHAPTER 4 第四章 管理者为何会感到如此不安？

到底是什么原因造成公司的不良管理呢？是什么导致管理者违背自己的内心，实施了糟糕的管理行为呢？其实，面对复杂的企业文化，管理者自身也会感到极度的不安。为什么管理者会感到如此的不安呢？最大的原因就是管理者处在一个十分复杂的工作环境中，受环境的影响，管理者只能跟随大流，时刻保持所谓的客观想法。

假设存在一种企业行为，这种行为不仅破坏了老板和下属之间的关系，还使员工不能坦诚并自由地谈论自己对公司种种行为的看法，还使得口蜜腹剑者肆意妄为，而有才能者却被缚住手脚，难以施展抱负，最终打破底线。而目前看来，我们也知道并没有证据表明，这种做法能给公司带来什么好处。

遇见这种情况，你认为管理者们会怎么做呢？事实上，管理者们几乎什么都不会做。一般情况下，公司都会实施绩效评估的措施。这种措施不仅具有欺诈性，还会对公司及其员工产生很大的危害。虽然几乎每个审查者和被审查者都知道这种措施是虚假的，但企业的老板们并没有采取任何手段让这种行为尽快消失，他们甚至都不会承认这是一种问题。

在我的职业生涯中，我曾对那些所谓优秀的公司所暴露出的不良行为进行批评。在这个过程中，我也开始慢慢变得清醒。我曾经错误地假设，那些善意的管理者一旦意识到这些行为会对公司产生负面影响，就会立即修正错误的做法。当然，这并不意味着，我抵触这些暴露出来的问题，也并不代表我对出于保护每个人最大利益的修正方式有不同意见，我只是单纯地进行假设而已。然而，事实并不是这样。很显然，虽然我一直敦促管理者们对错误的做法进行改进，但是，对于任何管理者，尤其是非高层管理者来说，企业自身的文化底蕴导致他们无法自行做出改变。

那些职场中的“禅师”坚信，**没有坏的管理者，有的只是无意中做了坏事的人。**然而，我不认同这种观点。事实是，对于那些心胸狭窄、麻木不仁、自私无能的管理者来说，他们对自己的不良行为带来的负面影响毫无内疚感。

阿克顿勋爵说：“权力容易导致腐败，绝对的权力就会导致绝对的腐败。”我认为这种说法是非常正确的。试想一下，如果有些管理者在孩提时代就受人欺凌，那他们会不会产生发泄的心理呢？我认为他们会。这些管理者任职后会滥用自己的权力，对异己者进行打击报复。可能我们并没有故意忽视他们的所作所为，但问题是，这些管理者看起来和我们一样，只有当他们做出下流肮脏的行径，我们才能辨认出他们是谁。

我同情绝大多数的管理者，这些管理者的初衷是好的，他们只是不能挣脱桎梏，进行改革创新。我经常看到有些管理者左右为难，进退维谷。公司会奖励那些出色完成任务的管理者，但公司不会觉得，那些为员工创造优秀工作环境的管理者，也是值得被奖励的。这就类似于职业橄榄球比赛，持球越过底线的球员会得到丰厚的报酬，而阻断对手、为队友创造机会的球员，就只能得到几句称赞的话而已。

实现梦想注定要付出代价，但还需要得到家人的支持。如果为员工着想就意味着要放弃自己所追求的回报，那管理者一定不会这么做。自然而然地，管理者们就学会了，首先要照顾好自己，因为没有领导会关心他们。而在如今的工作环境中，为了不失去领导对自己的信任，也为了不受到批评，大多数管理者很少会坦诚地向领导报告实际的工作情况。

当有关管理风格和实务的话题被提出时，许多管理者会感到惶恐不安，这也不足为奇。大多数管理者都知道，自己所做的事情对自己比对员工来说更“正确”。更深入地说，管理者知道，无论自己做什么，都是表面上看起来正确，实际上并不会给公司带来什么利益。大多数管理者都觉得自己太心神不宁，以致无法思考问题。在如此大的压力下，他们要表现地泰然自若，以至于管理者们很容易就会忘了他们真正的想法和感受。

其实，追求自身利益无可厚非，毕竟利益这件事对每个人来说都至关重要。但在工作中，出于忧虑，人们可能会将个人利益置于公司之前。为了防止出现这种情况，公司常常会采取措施禁止这种只为自己获取利益的行为。这也适用于财政收益，也能防止管理者们将自我提升看得比关注员工更重要。

遗憾的是，这种所谓的禁止并没有让管理者们停止追求自身利益。因为，企业文化让人们坚信，胸无城府是有风险的。它不仅强迫人们隐藏自己的信仰、不安和野心，学会从客观的角度去看待任何事情，还让人们明白涉身其中并不是一个明智的选择。

尽管对自己有利通常被认为是最重要的激励因素，但管理者们并不会承认自己努力工作是为了自身的利益。因此，管理者们觉得他们不能露出真面目。相反，他们挺胸抬头，用不知道何处来的胆量文过饰非，将自己夸得天花乱坠。他们戴着面具，经常在公司里为大家献上无比虚伪的表演。

正如您可以想象的那样，在表演之后，管理者们会不断地思考、猜疑，试图去了解同事对他们的看法。对于我来说，我更喜欢和朋友们在家里玩猜谜游戏，而不是和同事们上演宫廷戏，尤其是在大家奋力工作、将有所成之时，这种做法会给大家带来非常糟糕的影响。

所以，让我们剥开洋葱的下一层，试着去了解究竟是什么使得管理者们紧张不安，假装自己是客观的。

被企业文化“包围”的管理者

通常情况下，管理者们会用谨慎的用词和思想矛盾的解释来为他们错误的行为进行辩护，他们明知道自己错了，但仍然拒绝改正。

每当我思考类似的、管理不当的行为时，我得出的结论始终如一。不安全感就是这个问题的潜在原因，它使得管理者们一直故意阻止员工们说出自己的想法，独立地工作，从而达到最高效的工作状态。然而，因为工作需求不同，不同管理者的不安全感的来源也不同。工作上犯下的错误、过去和现在的生活状况遗留下来的负面影响等，都会给人带来不安全感。不过，我发现，在众多原因中，同事的贬低更容易使人感到不安。

尽管这个理由听起来有些奇怪，但确实是这样。大多数管理者都会为长久以来一直存在的某种可能性而感到不安，无论是有意还是无意的。有时候，管理者的言行确实会让下属感觉焦虑或者害怕，因此，下属们也会表现出强烈的不满，明里暗里地抹黑管理者的形象，否定管理者的工作。

更让人觉得讽刺的是，我发现管理者们最害怕的是，同事说他们是利己主义，坚持错误的工作理念，批评他们的行为不客观、情绪化并带有偏见。事实上，在现实的工作中，管理者们也确实非常容易受到指责，不管他们是否真的拥有那些必备的技能，他们都称自己的工作风格与拥有的技能相匹配。可能同事们并不关心这些，但是管理者们害怕，同事会因为他们的缺陷、不稳定的情绪、不客观的看法和自私自利的做法而对他们进行攻击。

你明白我所说的了吗？每个人都不是完美的，都会有各种各样的缺点。但是管理者们却不这样认为，他们想要把自己展现得很完美，所以他们害怕被同事议论。

同事们会觉得，身边任何具有威胁性的事物都和管理者带有攻击性的挑衅有关。例如，同事的投资计划被管理者拒绝，公司里流传出抹黑同事们形象的话，同事们对于公司的价值被低估，管理者展示出与同事专业技能相匹敌的能力和技能，管理者采取了同事认为侵犯了他职权的行动……

同事们会自然而然地认为，这些糟糕的事情都来自于管理者的挑衅。无论怎样，同事们一定不会真的明白管理者的意图，他们只会觉得这都是管理者的不对。此外，你可以相信的是，同事们的批评，几乎都是基于那些与管理者们的动机无关的理由。而且，无论采取了什么样不正当的行为，这些同事们都会宣称，自己的批评不仅是“客观的”，而且完全符合公司想要的结果。

无论是谁，谈论同事之间的不安全感不仅会贬低别人，还会贬低自己。让我们来看看这个由一位年轻的专业人士所讲述的故事，为了让她的公司一直保持正常运转，她一直都在努力工作。但是，她的上司们陷入了一场能危及到每一个人的努力和成功机会的竞争之中。为什么这些管理者会像她描述的这样对待彼此呢？是什么阻止他们达成一致的意见，共同为公司工作呢？以下是这位专业人士的担忧：

我的工作是管理咨询，是有关于销售的。我们做的每一件事和进行的每一次谈话，都是为了得到下一次的订单。我的公司很快就会获得历史上最大的一笔订单，这似乎是一件好事，但最终可能由于管理者的不配合而功亏一篑。

我的两位上司都掌握着对于我们团队生存至关重要的客户关系。其中，一家公司即将出售世界500强公司的股票，如果进行得顺利，这将是我们收到的最大的一笔交易，两位上司也会成为合伙人。但是，这两个女人经常发生冲突，她们会带领她们各自的员工互相诋毁，总是寻找机会超越对方。

我完全被她们的诽谤所迷惑，不明白她们为什么会拒绝合作。我们都在一条船上，各行其是不仅会让我们错过这笔生意，他们两人以及其他的员工也都不会好受。

我曾经不经意地提到，我们的团队应该通过相互合作来扩大市场份额，而不是为了小部分利益互相竞争，这样才能将每个人的利益最大化。然而，我的观点并没有产生多大的影响。在我目前的职位上，我还能做些什么来让我们团队进行有效地运作呢？这对我来说是一段非常有趣但又令人烦恼的经历，因为我无法理解为什么我的团队，尤其是这两个上司，会让个人冲突和竞争阻碍一些明显对每个人都有好处的事情发展。

很明显，这些不和的管理者没有做到相互信任。或许，不仅在两个管理者之间存在这样的问题，在公司其他人之间，也存在着相同的问题。这些管理者们没有试图了解彼此的需求，也没有探究他们之间为什么会存在差异，而是把时间花在了寻找机会贬低彼此的工作和声誉上面。但这是出于什么目的，他们又会付出什么样的代价呢？试想一下，如果管理者们将他们互相贬低、互相诋毁的时间和精力全都花在改进协议和措施上面，那他们会营造出一个多么健康的工作环境啊！

这让我想到了一个尖锐的问题——为什么占主导地位的管理者会觉得自己很容易会受到捏造的指控，以至于自己感到非常不安？难道对公司来说，已经明确的能力和确立的价值不足以让一个人免于责难吗？做出重要贡献的人，真的会因为一时兴起而贬低自己的价值吗？

当然，有一部分管理者们愿意相信，当他们将工作出色地完成之后，他们所表现出来的价值自然能够经受住考验。但我发现，大多数管理者认为自己容易受到别人给他们贴的“反复无常”的标签的影响。他们可能会说，他们相信一些与众不同的东西，但他们表现出来的行为却并不是如此。他们做事都非常小心，时刻保持警戒，他们尊重他人，对他人感到敏感的东西尽量避而不谈，想要更加“专业”地表现自己，并且全力以赴地观察现实环境。幸运的是，虽然这并不是真实的他们，但是，在这样的工作环境中，你可以真正了解自己。

两种密不可分的管理行为

由于没有安全感，管理者们会将自己的真实想法隐藏起来。他们会用第三人称或是“我们”来说话，也会以一种让纯粹的观点听起来像既定事实的方式与人交流。接下来，让我告诉你一个事实：在人们日常的工作中，绝对没有任何东西是客观的。由于每个参与者和观察者的心态、动机以及背景都不同，同样的事、同样的话语、同样的东西都会被不同地看待。

当然，有些结论仍然具有一定的争论性。但主观性、个人偏见和自我利益对于任何人来说，都是不可避免的。主观性影响着每个人对工作环境的感觉和评价，人们对工作环境的理解和评价都会因为个人感觉的不同而不同。显然，不管一个人是否意识到这些因素都会影响自己的观点，每一种偏好、每一个决定、每一个判断，都确实会被内心的想法所影响。因此，**没有什么事情是绝对客观的。**

管理者们受企业工作文化的影响，为了保证自己的行为是符合工作文化规定的，他们总是假装自己的观点和行为是客观的，不存在任何私利的。他们不偏不倚地阐述着自己的主张，说着类似“唯一正确的决定”“绝对最佳的行动”“市场真正需要的东西”以及“获得结果唯一可靠的方法”这样的话。他们觉得使用这样的措辞，可以让自己想要采取的任何行动都有正当的理由。同样，当他们犯下错误或者得到他们不希望得到的结果时，他们也能避免受到批评和指责。因为，他们宣称所有的行为都是客观的，他们觉得自己只是做了对公司最有利的事。

如果你认为不得不和管理者们玩心理游戏，对员工来说是一件不好的事情，那么对管理者来说，不得不和员工一起共事并为他们辩护，这些事岂不是更糟糕？为了维护信誉，管理者必须不断地伪装自己，他们所规定的一切都是基于客观事实的。因为所有人，包括是管理者，都是会受主观思想驱动的人。无论他们伪装得多么可信，他们的想法永远不会是客观的。

事实上，管理者会因为不断地伪装而陷入困境。他们经常发现自己处于危险之中，因为他们知道，在管理者鼓吹这些决定都是对公司有利的时候，那些能够看出管理者是受主观性影响，从自己的利益出发做出决定的人，都有理由认为他们是奸诈的、不诚实的，甚至是邪恶的。事实表明，当一个人被骗了之后，他会产生一种冲动，这种冲动促使他想要揭露行凶者的诡计。

客观性的神秘性，导致没有一个管理者能够达到自己的期望，也就是说，如果管理者不使用双重思考方式的话，他就不能够达到自己的期望。人们普遍认为，宽恕人们日常存在的自私追求就是打开了放纵、自利的闸门。

但其实并不是这样，我们来看一下企业破产的例子，在一个企业破产之前，让每个自私并且有自我追求的人，对于自己所看见的、正在发生的事情进行讨论并互相交换意见，会对企业造成什么损失呢？最坏的损失也不过就是破产而已。

虽然管理者知道，没有人是绝对客观的，但他们仍然要假装自己就是客观的，这给他们带来了很大的压力。在一般情况下，人们都会自然地表达他们的情感、倾向和个人价值观。每个人在讲述自己的个人背景故事时，都会透露出自己的偏见、需求以及这些偏见的根源。但你很少会听到管理者承认，他的计划和采取的行动中存在着某种特定的为自己服务的因素。

现在，一些管理者确实比其他人更真诚地宣称自己具有客观性，尤其是那些不了解人性的管理者，更容易这么做。对管理者来说，假装自己是客观的，可以达到另一个利己的目的。这让他们自欺欺人地认为，他们对员工需求的漠不关心是可以被接受的。而在我看来，这比双重思考产生的影响更严重。

当然，我并不是说管理者们没有把公司的利益放在心上，这也并不意味着，他们从来不说他们所知道的事实。我认识的绝大多数管理者都很公平，他们会煞费苦心地讲述他们所知道的事实，即使在追求自身利益的时候，他们也会关心员工的利益。

但是，正如人们所知道的那样，传达真相很少是驱使管理者描述任何事件或采取行动的动机。多数情况下，管理者描述事实的原因，都是想通过强调个人重视自我利益是不正确的观点，来得到别人的认可。他们宣称，利己路径对公司来说是不利的，为了让其他人同意他们所说的话，他们就不断假装自己是客观的。

管理者的“对手”是谁?

管理者们知道，如果他们承认自己所倡导的行动中掺杂了私利，他们就会受到一群人的斥责。事实也确实是这样，无论是凭直觉还是掌握了确切的证据，一旦一个或多个群体怀疑管理者为了谋私利而采取某种行动，那么问题可能就来了，由于无法消除、调和隐藏的分歧，怀疑的动机就会因此产生了。

同样的，对于同事们来说，他们担心的是，即使进行了敷衍了事的调查，也会让管理者意识到迫在眉睫的危机。而这种意识会使管理者采取先发制人的打击措施，再加上管理者本身就具有很大的优势，这就使得同事们感到更加恐惧了。

更具有讽刺意味的是，同事们只有一种工具可以对抗那些具有攻击性的管理者，那就是起诉书。然而，所有的起诉书都只是针对每个管理者的违规行为，比如他们假装自己是客观的，却自私自利地追求自我价值，缺乏某种必要的技能或工作需要的能力等。而对于同事们担心的事，起诉书毫无作用。

管理者害怕受到质疑，于是假装客观，同事们担心遭到“攻击”，于是选择保持沉默。看起来，双方都有“正当的理由”拒绝表达自己真实的想法。但这样做的后果，是管理者和同事们之间形成了一种对立的关系。是的，管理者和同事们没有成为合作伙伴，而是成了对手。

据我所知，这种现象在大公司里更加多见，而且更加明显。

其实，在任何一个组织里，只要存在争夺主导地位、管辖权、分配权等行为，管理者们都会担心，无论他们所做的事情是多么不经意，都会引来争议。而且，由于起诉和指控并不能反映出到底是什么，使得这群人觉得自己会受到攻击，所以管理者几乎没有机会了解，是什么让这群人感到了威胁，也就更没有机会讨论并且纠正这些错误。

是的，面对那么多可能存在的对手，管理者永远都不会放松。如果管理者不装腔作势，一直坚持真实地表达自己的动机和想法的原则，那么，他们将一直被攻击。你能想象这样的情形吗？当一个管理者带着信念表达自己观点的时候，却遭到了一群人的质疑。当一个管理者想要展现出自己最好的一面，认真倾听别人的想法，然后问后续的问题，却发现自己被批评为“缺乏原创想法”的人，他该有多失望吗？我能想象到。事实上，我也经常见到这种情况。

你必须进行自我保护吗?

大多数管理者都能意识到，在工作中，奖励、晋升和所有形式的个人成功都是至关重要的。一个错误或是一个有说服力的指控，都会影响一个人的职业生涯，打破一个人成功的梦想。管理者要想保证自己实施的行为是企业所期望的，就需要找很多借口来让同事们信任自己，以至于即便是再自信的管理者，也容易受到指控和指责。对于大多数管理者来说，他们没有太多的选择，只能时刻保持警惕，并且注意自己身后的人。

上一次我要求大家关于一个问题举手投票的时候，大多数参加我领导课程的全职专业人士和管理者都认为“避免为错误承担责任”比“获得对出色工作的认可”更有分量。如果这个非正式的调查是可靠的，那么它就表明人们是多么的没有安全感。如果一个人害怕为自己的错误承担责任，他又怎么能承担风险呢？

为了不惹麻烦，大多数管理者都将由自己外在行为带来的影响隐藏起来。他们遵守常规，按规矩办事，尽自己最大的努力满足群体的期望。他们有礼貌地说话，遵守公司礼仪，尽量淡化分歧，努力隐藏自己的愤怒情绪。他们围绕已知的群体敏感性编造词语，并在开始讨论工作之前，精心设计自己的措辞，将其最大限度地与他人的观点达成一致。他们避免自己受到指责，同时也不追究同事的责任。

为了避免冲突，经验丰富的管理者们只是表达了对整体的批评，并没有针对他们所指责的人。当挫折感形成、需要发泄的需求变得势不可挡时，他们只会选择责怪第三方。而所有的经验都告诉他们，即使这样，他们也必须小心。尽管他们责怪的是第三方，本应当受指责的人也会知道。

最终，一个令人畏惧的现实影响了大多数管理者的思想。如果他们拥有指责同事所需要的一切条件，那么同事就拥有投诉他们的权利。如果你想要一个人受到诋毁，那么你需要让一个同事感受到威胁，并且激励他去揭露那个人的真面目。在严格的公司管理制度下，一流的管理者会随心所欲地遵守所有安全保护和自我保护的惯例，接下来我将向你们展示他们是怎么做的。

CHAPTER 5 第五章　自我保护：管理者做了什么？

管理者们感到不安，就会采取措施进行自我保护。他们声称“我不得不这么做”，但真的只有这一种选择吗？他们可能根本就意识不到，保持警惕花费的时间和精力，同样会让他们觉得疲惫不堪。

在这里，我想说的是一些高层管理者都做过，但又不愿公开承认的事情。有这样一种说法——如果要在公司生存下去，管理者不仅要学会伪装和欺骗，还要学会隐藏。这种说法很少在管理学教科书上被讨论，也很少在MBA课堂上被提及。但请您仔细思考一下，确实是这样，且不说管理者能否完全胜任自己的工作，为了继续生存下去，为了维持自己的可信度，管理者就需要做很多令人意想不到的事情。当然，我谈论的不是那些蓄意的恶意行为，我所谈论的是为规避阻力和完成所有重要事情所需的隐蔽行为。

在日常工作中，对于高层管理者来说，伪装和欺骗可能都是无法避免的。但这些高层管理者很少意识到，自己究竟花了多少时间和精力说谎。如果你是一个刚入职的人，我建议你想一想这个问题：管理者是怎样编造谎言，装作做了本来就没有做过的事情。比如：

管理者让自己不喜欢的人确信他们是朋友；

参加毫无意义的会议；

对自己不赞同的观点表示赞同；

顾左右而言他，避免发表意见；

编造“以防万一”的借口；

对未回复他们无意中删除的电子邮件道歉；

让某人告诉第三方他们不愿意自己说的事情；

逃避一个不想接的来电；

假装被某人桌上的一张丑陋小狗的照片惊艳到；

让他们一有机会便拉去当替罪羊的人，相信他们很忠诚；

吹嘘他们在积极成果中的积极作用；

提出“充楞装傻”的问题以显露动机；

故意泄露机密通信；

假装知道报告的内容，但实际根本没有看过该报告；

提醒某人尚未公开的事情；

在他们认为不可调和的问题上回避争论；

展开他们可以否认其存在的讨论；

……

其实，在现实的工作环境中，这些情况是经常发生的。管理者经常会设置一些掺杂自身利益的议程，而为了获得某人对这一议程的支持，他们也会说一些必要的话，做一些必需的事情。

管理者提高可信度的“最佳途径”

受企业文化的影响，管理者要想在工作中提高自己的可信度，伪装和欺骗就是实用的最佳途径。我们可以想一下，当每一种管理行为都掺杂了自身利益，而管理者又被要求以企业利益为先的时候，管理者是如何巧妙地使他们所做的一切看起来都客观公正，使自己所实施的管理行为被认为是正确的呢？为了隐藏自己的真实动机，管理者意识到，通过泄露任何有利于他们行为的内容来装作自己正在解决问题。

除此之外，企业文化还要求管理者在与同事一起工作中出现争议时，为了促成大家的合作，要表现出愿意牺牲自我的精神。确实，了解自我缺陷，承认自己还有未认识到的事物对管理者来说是十分必要的。因为他们知道，一旦同事抓住他们的一丁点儿不足，就会产生不可预料的后果。

如果一个管理者认为，同事们不仅会站在公平公正的角度来讨论管理者的成就和价值，还会大方地接受管理者的不完美之处，那么，你们会怎么看待这个管理者呢？我的想法是，如果一个管理者拥有这种想法，那他将丢掉自己的饭碗。

对于管理者来说，有时候欺骗是必要的。如果你想要成为一个管理者，你就需要隐瞒自己的个性怪癖、麻烦的家庭情况、生活方式怪癖以及任何同事可能用来挑刺的地方。如果他们不这么做的话，管理者会因为追求自我利益，发挥了主观性以及缺少必备技能受到谴责。

有些管理者因为自己没有达到所谓的文化期望而开始变得脆弱，由于缺乏安全感，他们不仅无法坦诚地表达自我，更无法将自己所见、所想和所信的事情表述出来。而对于管理者自身的局限性、自我追求和任务来说，管理者更不敢坦率地表达出来。管理者认为，显露自己的动机，表达自己对工作投入的有限性，就是自寻死路。

20世纪70年代和80年代，IBM的专业人士认为，如果不带着公文包回家，假装亲一下小孩后就马上投入工作的话，他们根本就不可能保住工作，更别说晋升了。现如今，有一个术语，专门用来形容那些在家不接工作电话、周末不回复工作邮件的人，就是“追慢人”。

因为没有达到企业的文化期望，所以管理者会感到不安。于是，管理者不仅会阻止同事们积极解决问题，还会做出一系列的保护自我的行为。

自我保护的六种例行行为

通过多年来对管理者的观察，我总结了一系列管理者用来保护自己的例行行为。当然，每种例行行为会因实施个体的不同而具有独特性。而且，由于所处的情况和环境不同，每种行为之间还会有细微的差别。不过，我发现了一些经常被用到的例行行为，我猜想在管理者采取保护自己的行为时，就已经考虑了自身的情况。你可以看看下面提到的六种例行行为，然后问问自己是否看到有人实施这些行为。回想一下，在某些情况下，自己是否也实施了这些行为。

例行行为1：采取不说、不听、不报告的群体思维

在管理者用来保护自己的行为中，我发现不听、不向上级报告的群体思维是最极端的。我认为，即使管理者不愿意承认自己有这种思维，但他们对此确实感同身受。虽然大多数人承认，为了遵守公司规范和其他制度，他们将自己的行为善意地解释为“这个现象在这里确实存在，但我们不公开谈论”“我们这些人为了处理这样棘手的问题已经很努力了”，等等。但是，管理者不会承认这些例行行为中存在着刻意否认、欺骗和虚假的事实。

我所说的群体思维，不是一个缓解冲突的方式，而是一种具有广泛性的欺骗形式。从根本上来说，这种群体思维是不正确的，

并且毫无意义。但在管理者看来，它却是充满善意的。说得形象一点，这种思维就是管理者之间签订的一份心照不宣的相互保护协议。

通常情况下，采取群体思维方式的管理者一般都处于同一级别。这些管理者互相承诺，彼此不会互相批评，也不会揭露任何人做出的不合企业规定的行为。在管理的过程中，他们存有私心，不仅会自动忽略彼此的过失，还不会暴露彼此的思想缺陷，更不会对彼此的自我追求缺陷、技能缺失和任务执行情况的失误进行批判。在必须提供反馈时，他们也会用较温和的语气表达出来，而其他同级管理者也认可这样的行为。

换句话说，这就是管理者之间签订了一份心照不宣的协议。他们会全盘接受彼此的言论和行为，如果有人质疑，他们会为对方辩护。如果对方所宣称的事情在管理者管辖的范围内，那他们就更容易这么做了。**如果管理者听到其他的管理者错将天鹅当作丑小鸭，那么这个管理者也不得不把它看成一只丑小鸭。**

这份心照不宣的协议，要求管理者之间达成一种合作共处的关系。当一个同事被要求形容别人的时候，管理者不会强迫他们讨论让别人感到不舒服的话题。而且，当其他同事发表评论、向单位做汇报时，管理者也会避免让他们发现自己对他们言论的不满。管理者可能会提出“友好的建议”，但前提是他们确定接受者不会将这种建议当成一种批判。

令我感到意外的是群体成员之间没有任何互动，这种共谋行为就悄无声息地完成了。事实上，管理者之间达成的这种协议，也给他们带来了很大的压力。那些跟不上群体速度、没有明确表示同意这一协议的管理者会发现，他们打破常规的评论很容易就被忽视。其他管理者不仅对他们所声称的事情没有任何反应，而且根本就不关心他们说的任何事情。除非那些打破常规的管理者明确表示加入这一协议，否则这一置若罔闻的态度不会改变。

这一例行行为导致的最糟糕的结果，是这些管理者群体的成员明知道所实施的行为和执行的活动对公司来说是不利的，却仍然选择忽视这些行为。你肯定好奇，我是怎么知道某些成员实际上已经看到了他们并未评论的内容。由于涉及到保密性，我私底下直截了当地向他们咨询了这件事情。

有一名管理者常常这样回答我，在情况许可的时候，他们会尽全力地表达自己的真实想法，但这种情况很少出现。我也经常听CEO们说，当管理者认为同事的错误行为导致了管理者负责的工作效率低下时，管理者表面上会让同事感觉到自己是支持他的。但实际上，在面对CEO时，管理者仍然会选择自我保护。因为除了说出“真相”外，管理者别无选择，在这个时候，真相就成为了使他的自身利益最大化的工具。

通用汽车公司的一些高管在考虑哪些型号存在缺陷、需要召回的时候，所表现出来的行为将群体思维所造成的危害展示出来。为了避免被追究责任，高管的所作所为被内部人士称为“通用式敬礼”。他们可能会抱着手臂，指向别人，这一手势间接地表达了：“绝对不是我，这是别人的责任，但我并不能说是谁”的想法。他们还使用了“通用点头”一词，表示其他人口头上都同意采取的纠错措施，实际上并没有人执行。

当情况发生变化的时候，人们也会觉得自己坚持不了多久，这就必然使合作协定最终分崩离析。所以对于管理者来说，额外的保障是必要的，尤其是最上层的那些管理者，他们一直都在寻找其他方法来避开带有攻击性的同事和那些主动攻击他们的人员。

例行行为2：让别人认为，自己是一个勤奋的人

工作中，很多管理者都会让下属觉得自己是一个十分勤奋的人。许多人大言不惭地称之为常规自我保护性形象管理技巧，我认为这是一种非常不严密的用词。为了避免遭到同事的非议，一些管理者会将自己描述成一个努力的人，而这种描述在一定程度上只是一种炫耀。管理者们认为，这样做的话，即使他们没有完成任务，同事也不会批评他们。

为了成功地说服这些同事，在一项工作开始时，管理者就会说自己遇到了困难。然后，他会表现出一副努力克服困难的样子，让同事知道他很勤奋。管理者还会将自己所获的成就记录下来，当有些人指责他时，他就会将这些成就展示给所有人看，这就使那些对他们提出指责的人的信誉受到了损害。事实上，实施这一例行行为

的管理者们不仅会让同事知道自己很勤奋，还会把自己描述为一位细致、有求必应的团队成员。他们会让同事知道，自己已经超负荷工作，再也无法承受更多的工作了，以此来让同事们满足他们的需求，为他们处理琐事。

为了维持自己勤劳且努力的形象，管理者们让同事觉得他们一直在超负荷工作，他们会将自己的劳动成果用数字或者百分比的形式展示出来。不得不承认，这确实是一种非常有用的方式。为什么呢？因为在一个以虚假、客观为特征的工作世界里，以数字和百分比形式展示出来的成果为管理者的工作成绩提供了确凿的证据。这些证据清楚地证明了他们已经兑现所有承诺，甚至超标准地完成了任务之外的工作。得到足够多的数据、支付足够低的服务交叉费用、提供足够厚的成果报告等工作都会以数字和百分比的形式被记录下来，而这些记录也自然而然地成为管理者无懈可击的工作证明。

一位管理者是否可以更聪明地工作，更有效地管理资源或是产生更大价值，这都是尚无定论的问题。而硬性数据就不一样了，它能确切地证实，管理者已经按照合同规定的内容顺利完成任务了。

其实，这种例行行为给管理者提供了一个借口，管理者可以借此不参与任何自己不熟悉并且可能暴露自己缺陷的活动。当被问及是否参与过一些自己没有任何经验的活动时，管理者会说一些这样的话会让自己更安全：“你说得对，这绝对是让公司受益的活动，我也希望我们有时间尝试一下。不幸的是，我的团队已经超负荷工作了，如果我还指派我的人员完成更多工作，这会让我们所有人都失望的。” 事实上，这就是管理者在进行自我保护，他的理由是：为什么要冒着信誉受损的风险，接受自己毫不熟悉的工作呢?

当然，当管理者需要让一个同事为他工作，并想在过程中与之建立友好关系的时候，管理者能够采取的最有效的方式应该是指出一个重点，通过问问题来了解同事的现实状况及需求。首先，管理者应该询问该人员如何看待其团队的工作职能，该人员是否了解管理者在全公司范围内行使的管辖权和所充当的角色，弄清楚他们是否确认自己已经接收到应做的工作，并且清楚地知道团队中的其他人是如何评价这份工作的。

其次，管理者还应询问他，觉得他们团队应该往哪个方向发展，技术和市场变化会导致他们的业务发生什么变化，让其指出他们还需要做些什么才能使工作成果更好。

最后，管理者还应让其感受他独特的思维方式，体验他独特的风格，并留意在自己做出对他有影响的尝试时他是做何反应。

这一切为什么很重要呢？因为，只有全面地了解同事，管理者们才能声称他们知道什么对于一个团队来说是最好的。否则，管理者会给人独裁者的印象，让别人认为他会用自己观点主导其他人的观点，进而形成一个独裁的团队观点，这是一个非常糟糕的现象。

不幸的是，对于大多数管理者来说，采取探究性权力分摊的管理方式似乎太冒险了。如果某人说自己的需求没有得到满足，许多管理者在脑海中就会认定这是对自己的一种批评。那么，你可能会问，如果有人要求管理者提供他无法提供的帮助，怎么办？事实上，由于担心同事随后可能抱怨自己的某些需要会被拒绝，很少有管理者会冒险放弃自己的控制权。

实际上，管理者们常常做的是，紧紧地抓住自己主动权，而不是对同事进行询问。他们不断地声称其管辖权限，告知同事们“这就是团队所需要的，一切都将是由我组织来完成”。每位管理者也都会以他们独特的形式表达，类似“我是专家，相信我”或“这就是一贯以来的做法，你没看到我们现在做的比以前都好吗？”的想法。本质上，管理者就是在告诉同事：“别激动，一切由我来控制。”

例行行为3：“你可以指望我，我是个有团队意识的人”

对于管理者来说，他们不仅会让同事觉得自己是一个勤奋的人，还会让同事认为自己是一个具有自我牺牲精神、以团队为导向的人。管理者总是寻找机会提出一些陈词滥调，比如“我永远不会觉得不方便，我总是乐于帮忙的”“你可以随时向我寻求帮助，我们都为同一家公司工作”“我只是做了我应该做的事而已”，等等。

在面对面的讨论和小组会议中，管理者一直试图塑造这种形象，他们甚至还经常劝说自己，让自己从心底里认为自己就是这样的一个人。但是，如果你仔细聆听他们说的话，很多时候你会发现，这些用于声称自己具有团队精神的说辞很客气但却没有明确的指向。不管什么样的团队，即使该团队中有一些人只是看起来很努力，管理者也同样会赞美这些人。

然而，要想说服同事，让同事认为自己是一个有团队意识的人，管理者就不得不采取双重思考的方式。首先，管理者要做的就是让自己相信自己是一个有团队意识的人。尽管团队中存在着竞争，但管理者们还是会摆出，所有同事均为理想队友的姿态。在我看来，管理者们的说辞和行为同样虚伪。

提到团队合作的假象，我想起了一个关于阿贝·林肯的虚构故事：

林肯问选举人："如果你称一条狗的尾巴为一条腿，那狗有多少条腿？"

选举人回答："五条"。

林肯回应道："不，还是四条。因为即使你称狗的尾巴为一条腿，那也不是真的腿。"

同样，面对竞争者时，自命不凡的"高级领导团队"并不会真的与其共同思考和行动，他们只会更巧妙地隐藏自己与竞争者之间的矛盾。在一个利己主义的工作世界里，隐藏自我能够避免不必要的冲突，而管理者经常口头强调的团队合作也只是立场正确，内容却是十分空洞的。

是的，管理者们可以随意地谈论团队合作这个话题，但最终，除了一些有特别关系的人之外，管理者进行所谓的团队合作，其实是在自我保护，他们用自命不凡的话来表明自己一直在为彼此提供服务。

当然，这并不是说管理者们缺乏凝聚力，不渴望达成合作关系，也并不代表他们不忠诚，不愿妥协，只是说管理者没有真正地表达自己的感受。大多数人都有与他人合作的意愿，也是真诚地想要帮助别人。但是，只有当团队里的人是他们所信任的人，而不是那些隐藏自我追求并且敏感易怒的同事时，他们才会有想要达成团队合作的意愿。

真正的团队合作不仅需要团队成员坦诚对自我利益的追求，了解其他人的观点，就面对的所有情况进行谈判，并对其他成员所做出的牺牲心存感激，它更需要管理者之间充分的信任。而事实上，企业的工作文化会在无形中会阻碍这种活动的运行。

例行行为4：被看作是思想开放、愿意受影响的人

在工作中，管理者们一直都保持着开明的态度。他们知道如果要让别人重视自己，他们就必须让这些人觉得他们不仅意志坚定，有良好的自我管理能力，还拥有真正的专业知识，能够坚定不移地让团队朝着正确的方向前进。

除此之外，管理者们也明白，具有不同观点的同事们正在设

法影响他们，希望他们愿意改变主意。可是，如果表现地太过自我，他们会被认为是一个很冷漠、只考虑自己需要并且控制欲极强的人。如果表现地太容易动摇，那其他人又会认为管理者看起来是处于弱势的，是能够附和他们所说观点的人。那么，管理者怎样才可以既顺利地完成工作，又能得到他人的信任和尊重呢？

管理者们没办法确切地知道，每一个利益相关者究竟隐藏了什么事情。因此，对于其他人的观点，管理者们都会表现出极大的兴趣，并且抓住这个机会，对其他人的状况表示感同身受。通常情况下，管理者们会表现地很开明，他们会认为你的观点是正确的，还会引导他人认同你的观点。

你可能会问，管理者是怎么做到的。其实这很简单，管理者只需要继续坚持自己的行动方向，但不会让任何人发现自己对他们的担忧不感兴趣。当自己的计划可能影响一个或多个同事的行动时，管理者们会竭尽全力地寻求他们的支持；当计划只涉及到少数个体和管辖区域时，管理者才会与每个人一对一交流。当然，如果人数很多，召开会议会对解决问题更有效。

为了保持低调，管理者会假装自己仅仅是为了确定备选方案的范围而进行数据收集，然后，再决定采取什么样的方案。在大多数情况下，即使管理者已经表达了自己的想法并且做出了承诺，他们仍竭尽全力地假装自己很开明。虽然他们用于说服人们的技术各有不同，但目标都是相同的。管理者们会试图避免让人们觉得他们是在被迫接受一些事情，从而感到反感。

为了保证自己的观点已经被理解，也受到了重视，管理者会不断地改述自己的意见。为了表现自己认真地考虑了别人的建议，管理者会发出调查问卷，做虚假投票，并通过电子邮件征求意见。无论他们做什么，在大多数情况下，你会发现管理者们会竭力表现出他们比实际上看起来更开明，更容易受到影响。

不过，大部分人还是比较理智的，没有人会指望他们的意见，能够完全左右一位有见识的管理者，也没有人会希望自己的意见，能够影响管理者在权限范围内决定的事项。利益相关者认为，只要他们的观点被认真考虑过，这就足够了。在某种程度上，他们这么想是正确的。

例行行为5：使用借来的权力

这是一种具有高度操控性，而且在工作场合中相对较新的自我保护例行行为。可能这种行为早就存在了，只是没人发现而已。但是，越来越多的管理者在实施这种行为。由于缺乏常用术语，我将其称为“使用借来的权力”。管理者不断地使用借来的权力，来达成自己的目的，他们借用拥有强大权力的人的声音来倡导一个对自己有利的行动。

这种行为最简单的表现形式是管理者说些类似于这样的话——“我和比尔谈过了，了解了他的想法，这就是他想要做的。”比尔可能是拥有授权权力的首席执行官，也有可能是人们认为最具权威性的的技术专家。但无论比尔是谁，如果这个群组认为比尔拥有权威并且是一个大家都不想反对的人，那么这个群组就不会再去争辩什么了。虽然没有清楚地说出来，但管理者会明确地暗示人们：“如果你不喜欢我从比尔说的话中得出的总结，你可以去和他争论。”

和我所描述的其他例行行为相比，这种例行行为比较特殊。利己主义的管理者不仅需要对同事进行攻击，还需要时刻注意同事的反应。虽然这对管理者来说有一定难度，但这种行为可以满足他的需求，而且他也不必承担明显的责任。

实施这种行为的管理者不会主张利己行为的好处，他们会隐藏自己的观点和动机，通过使用虚假的声音，向违背权威的人提出挑战。虽然管理者声称的内容不一定是字面上的意思，但这些内容和管理者的观点一定是一致的。这个管理者甚至可能认同与引用观点相反的看法，并说些类似这样的话：“星期六和比尔打高尔夫时，我尽我最大能力和他争辩了。”“除了按他的意愿走，我找不到其他办法了。”

更重要的是，在同事发现管理者滥用比尔的观点之前，这种方式是十分有效的。当被发现之后，管理者也会有一个非常合理简单的借口——“很高兴你发现了，显然是我理解错了。”

例行行为6：制造公平竞争的假象

我知道提出这种行为非常不礼貌，因此，我觉得在对其进行说明之前，我需要为自己辩护一下。我相信绝大多数管理者都愿意按规则办事，公平地对待他人，主张平等主义。我也认为，只有那些总是按自己的方式办事，并且试图控制他人的人才将自己视为精英阶层。大多数管理者是愿意站在他人的角度思考问题的。在公司，每个人的权力都是由上一级授予的，当工作出现错误时，指示活动并授予权力的上级也会承担责任。但这就是公平吗？

如果一个人认真地分析企业的能力和效率，那他就不会认为工作中发生的事都是公平竞争的结果。其实，高层管理者喜欢玩双面游戏，当批准他们认为有争议的行动时，他们经常躲藏在公平竞争的过程之后，假装他们所支持的行动是由委员会“客观”决定的，或是与决定相关人员协商后决定的，又或是按先例决定的。无论怎样，他们肯定不会承认这是由他们通过行使自由裁量权独自决定的。

你可能会问他们：“你为什么不做出决定？为什么使过程变得

这么复杂？”。而他们会回答：“公平竞争和保持客观是需要一个过程的。”

你认为你的CEO不应该得到如此高的薪水。但是，猜猜你的CEO会说什么呢？他会说：“我同意你的看法，我也认为我不应该得到那么多钱，但这是董事会的薪酬委员会为了留下我，强加给我的。”

但究竟是谁创建了潜在董事会成员的名单，并在幕后为“合适的人”进行了游说？又是谁将一些推荐的候选人从名单上删除了呢？你猜对了，这都是CEO做的，他们不仅会获得惊人的薪酬，还会在被迫离职情况下得到的可观的补偿金。那么，委员会结构在年度报告中是如何体现独立的呢？分权就是一种体现形式。

整个公司都一样，我认为最具争议性和感性的问题都是由有权威的管辖区的管理者决定的。无论以何种方式，这位管理者都会做出与自己有关的每一个决定，而他需要考虑的，就是确定是自己做出决定还是采用具有战术选择性、能够产生期望结果的方式做出决定。管理者可能组织一个委员会来研究这一问题并提出建议，然后为了获得自己希望的决定，管理者将决定由谁来担任委员会的成员。管理者也可以按先例或采用新的的决策标准为他们想要的结果提供支持。

无论管理者是否通过“曲解”规则对问题进行了改变，并且与某人交换了条件以获得支持。最终，管理者都会采用能够使上级领导满意的方法来进行决策。事实表明，在大型组织中，拥有权力的人总是能够找到方法，以确保下级人员不会做出有损他们利益的决定。

我介绍这些自我保护例行行为的目的，不仅是为了揭开谜底，使事情变得更清楚，我也希望那些领导者能意识到那些使管理者分心的事情，并且给予他们应有的关注。

许多管理者下班回家后会自问：“我今天所做的所有事情就是只是开会，但是，为什么我会感到如此憔悴和疲惫呢？”很少有人意识到承受压力、保持警觉所耗费的精力以及安然无恙地度过一天所需要的谨慎和细心都会让人觉得无比劳累。

我们在另外一章中进一步讨论，我对管理者经营的力量领域及必要的自我中心的心态的认识。你可以用很多词形容管理者所做的事情比如：生存、处理、保持可行性和完成度等等。但请勿用“良好的管理行为”对其进行描述。真正良好的管理行为还需要关注其他重点。在文化力量的阻挡下，我们如何实现这一点？这就是我接下来将要讨论的。

CHAPTER 6 第六章　究竟什么妨碍了卓越的管理？

到底是什么妨碍了管理者卓越的管理呢？出于自我保护的想法，管理者和员工都不愿意表达自己真实的想法，每个人都只是按例行事。管理者想到的变革就只是一点点改变，并不能起到什么实质性的作用。公司要想真正地实现良好的管理，就必须找到导致糟糕管理行为的根本原因，从而做出必要的改变。

毫无疑问，在工作中，我们都会找出自己的对手并对其进行详细的了解。但是，受企业文化的影响，人们却错误地称其为“良好的管理行为”，而这种所谓的“良好管理行为”就导致那些善意的管理者表现得越来越糟糕。

到底是什么导致这样的结果呢？我认为这与企业文化和公司所有人都有关系。

不得不承认，企业文化在一定程度上扭曲了人性，使得人们过分地强调学校教育和个人成就的重要性，用所谓可以效仿的榜样来激励他人，不断地对管理工作进行评估。为了规避文化期望造成的难题，管理者们不得不采用双重思考的方式，他们隐藏自己的情绪，隐瞒个人追求，假装自己是客观的，但形成了一套残酷的竞争体系。除此之外，由于担心自己因犯错而失去工作机会，公司所有人几乎都在隐藏自身的不完美之处，假装配合团队合作。不过我倒是能理解：管理者们在众多无条理的期望下容易失去对人性的把握能力，总是担心会表现出真实的自我。

很少有管理者能够意识到，他们的思想已经被不知道的力量所影响。我们知道，人们都喜欢将自己视为独立的自由思想者，但是在大多数管理者中，没有谁觉得自己的思想完全是由自己控制的。在工作中，管理者要时刻保持警惕，专注于自己的工作成果，奋勇向前。这就使管理者无法正确地看待其不良行为所引发的结果。他们将员工因其蛮横的力量而选择做出的妥协，当成员工已经同意他们的行为；将员工所说的假话，当成真话；将回避冲突的行为视为“人人为我的团体行动”。

在与团队的紧张合作中，很少有管理者意识到造成他们忧虑的真正原因是什么。因此，他们一直做着欺骗的行为，失去了真实的自我。他们忘记了自己根本无法从高层管理者那里获得升职所需要的东西。毫不夸张地说，高层管理者认为，有能力的人可以照顾好自己，毕竟这是他们必须做的。

大多数高层管理者认为，管理是一种双向游戏。在公开场合，为了确保员工能够遵循规则、满足公司的要求，管理者会采取相应的措施。而事实上，管理者这样做的目的，是想要利用曲解规则使自己获得利益。他们用“规则改变者”一词来描述自己，然后采用所需要的、新的操作方式，使自己超越他人并与他人保持距离。然而这些管理者从未想过，要想改变规则，他们需要做的是表达自己的真实想法，与下属进行坦率的谈话，与其他管理者和下属达成真正意义上的团队合作。

不可思议的是，即使管理者知道自己的行为已经产生了负面影响，管理者仍然不会做出改变，选择采用双重思想的方式进行思考。管理者声称自己所有的行动都是为了维护公司的利益，即使这些行动带来了负面的影响，其他人也会同意这些行动。管理者不断地进行自我宽恕，认为自己是公司的利益维护者。当然，他们偶尔也会质疑行动的合理性，但过不了多久又会认为，这是获得他人尊重并保住工作所必需的。除此之外，我想不到其他理由让那么多明智的、善意的管理者拒绝实施更好的管理措施。

克里斯·阿吉里斯提出了“熟练的无能”这一说法。而这一说法恰当地描述了我所看到的阻碍变革管理者意志的大部分原因。管理者已经知道，怎样才能让人们接纳这种错误的文化思想。他们认为，改变管理方式并不能为自己带来多少利益，而且还会造成更大损失。确实，管理者已经掌握了这种管理游戏的技巧，毕竟“熟练的无能”使他们走到了今天。

什么导致了无序竞争？

任何企业都会制定自己的管理规则，在员工相互竞争的时候，管理者总是有意无意地表达着自己的想法，尝试用自己的想法主导员工。他们会让员工觉得，自己说的这件事是对员工自身有益的。试想一下，还有什么比这种“为你着想”的方式更有效的吗？为说服他人并且抵制不符合自己需求的言论，管理者一直都在努力，即使他们并没有意识到这些，但他们确实这么做了。

首先，竞争的形式是多种多样的，它不仅可以体现在所采取的行动、表达的自利观点和争论中，它也可以间接发生在含沙射影的措辞中，隐含在未被表达的言论、未执行的行动以及只能导致单一结果的过程中。当然，仅仅依据传达者采取的行动或做出的口头描述话语，人们并不能真正理解传达者试图表达的意思。其实，在任何组织环境中，特别是人们觉得需要隐藏真实情感的组织环境中，人们几乎总是用自己的想法去看待他人的言行。如果你仔细观察，就会发现管理者为了赢得竞争做出了很多努力。他们不仅会让情况变得对自己更有利，还会对那些与自己利益不相符的记录提出反对意见。

其次，竞争的程度会随着管理者对结果的重视程度而变化。当管理者认为自己在竞争中毫无优势，团队的共同观点会使自己的观点没有意义的时候，竞争的强度便会加强。当管理者认为团队的目标与他们的目标一致，而且大家都在寻找能够协调利益和减少竞争次数的办法时，竞争的强度便会减轻。更值得关注的是当竞争的情况很明确时，参与竞争并且能够获利的人数就受到了限制。当竞争的情况很模糊时，就会有更多的人参与到竞争中来，因为这些人认为，在这种情况下，他们更容易得到自己想要的东西。

总的来说，人们参与竞争的目的都是为了维护自我利益，而这些利益的具体表现形式无非就是金钱、权力和地位。在工作环境中，你可以用薪水、权力和职位与其进行替换。而在企业中，自我利益总是被包装，以至于其他人或者公司根本无法确认参与竞争的各方得出的结论是否与自己的一致。

极度透明的重要性

在“规则”不可避免的情况下，管理者对哪些事情有决定权呢？管理者可以决定采取什么样的方式，进行组织竞争；是否要公开讨论，管理者需要让所有的利益相关者都有机会发表观点，让那些旁观者能够有机会维护公司利益；是否让这种竞争秘密地在幕后进行，将一些利益相关者排除在外，使旁观者无法遵循程序，发挥他们的作用。

事实上，当竞争在公众视野之外进行时，组织利益就会受到损害。在此情况下，公平竞争的可能性也会很小，因为利益相关者被排除在外，管理者自利的追求无法得到控制，自然所有协议都会成为一种合谋。这样的话，只有会议室内的人知道正在谈判的内容，也只有这些人有机会表达他们想要的东西。至于那些被排除在外的人，如果他们的利益获得了管理者口头上的考虑，他们也会觉得自己是幸运的。但是，那些被忽视的利益相关者就会对此表示不满，然后就会寻找获得平等的机会。这样一来，新的竞争在无形之中就产生了。

是的，这种幕后竞争的方式并不能使管理者做出什么良好的行为。即使处在竞争之中，管理者也是非常礼貌的。在非常重要的问题上，利益相关者也会尽可能控制情绪并隐藏自我利益。不幸的是，对于旁观者来说，这使他们更难判断处于危险之中的竞争各方所得出的结论对公司会造成怎样的影响。他们也更难判断竞争对任何团队或单位间关系会有怎样的负面影响。

举个与梅尔有关的例子。

梅尔是一家非常成功的初创公司的首席执行官，这家公司被一家在纽约证券交易所上市的大型企业收购，成为其空间技术部门的旗舰公司。梅尔的性格直率，在创业之前，他在一家大公司里工作，每天在充满“规则”的环境中屡屡受挫。梅尔经常抱怨，公司的“规则”使其需要同时应对两位高管，因此，他只是表面上给他们提供帮助。梅尔描述了他遇到的情况：

吉姆是我应向其报告工作的部门负责人，有一次，吉姆给我打电话，要求我与我们集团中另一家公司的首席执行官大卫通话。大卫公司负责的是制造电子部件的业务，电话中，大卫一直在抱怨，他说我们没有考虑他们公司针对我们发出的询价单所提供的报价。

因此，吉姆批评我不忠诚，缺乏团队精神。我回答说：“你从哪里看出这些的呢？从个人角度出发，我并不讨厌大卫。但是，我们公司从来没有考虑过要购买他们的部件。在你收购我们公司之前，我们也没有向他们购买过部件，当然，现在也不会向他们购买，这就是事实。”

挂断电话之后，我问自己：“吉姆到底在做什么？他不是一个天真的人。他和大卫都很清楚为什么我们不考虑大卫公司的报价，为什么他还会这么做呢？。”

所以，在思考许久之后，我选择再一次告诉吉姆，他早已知道的事实——我们建造的一切都需要NASA①认证，我不知道大卫公司生产的部件是否符合或者说接近NASA的标准。

我在想，吉姆可能就是在扮演老板的角色，以测试我是否服从他的命令。虽然我认为，最好的方式是我能够坚持自我，但我还是决定让吉姆按他的方式办事。我告诉吉姆：“我马上打电话给大卫，看看如何能为他提供一些他需要的帮助。”这看起来毫无理由，但我还是这么做了。吉姆回答说：“这正是我所追求的团队精神。”然后，吉姆给了我大卫的电话号码。而此时，我正在去参加另一个会议，马上就要迟到了，考虑到沿海时差，我决定明天一早再给大卫打电话。

第二天，大约在上午十点，也就是大卫那边的下午一点，我打了电话。而接电话的是公司的接待员，这位接待员在告诉我大卫

① NASA：美国国家航空航天局（National Aeronautics and Space Administration），简称NASA，是美国联邦政府的一个行政性科研机构，负责制订、实施美国的民用太空计划与开展航空科学暨太空科学的研究。

正在等我电话后，让我稍等，她去叫大卫。但是，等待时间超出了我的预期，再加上不得不听着糟糕的音乐，我感到非常不愉快。然后，大卫的私人助理回复说："请再等五秒钟，大卫在接听另一个电话。"她放下电话的速度太快了，以致我都来不及说："让他给我回个电话怎么样？"

五秒钟很快变成五分钟，甚至更长时间，我等得不耐烦，想要挂断电话。我开始明白，大卫在故意为难我。然后，大卫以非常不耐烦的态度接听了电话，为了尽快解决问题，我决定忽略他的消极态度。我提到我告诉过吉姆会打电话帮助他，但我发现，大卫知道吉姆批评了我这件事，并且还因为我未立即给他打电话而感到恼火。显然，吉姆告诉大卫的是我会立即给他打电话。

我没有将他的指责放在心上，相反，我慷慨地邀请大卫参观我们的制造设施场所，并讨论我们的工程师如何帮助他的公司升级以达到NASA标准。在面对面交谈时，大卫承认他们公司的部件确实没有得到NASA的认证，而且他们根本不了解NASA的要求。我很快意识到大卫一直在给吉姆找麻烦，责怪我们公司。他希望我们的工程师能够帮助他进行他的公司无法做到的设计改变。这让我感到苦恼，因为我们公司也需要供应商帮助我们进行设计升级。我再一次想要摆脱这件事，但似乎越来越难了。

显然，大卫认为让自己公司盈利的唯一方式是向我们销售部件。当时，我认为这真的很可笑，我是他唯一的筹码，他竟然还好意思用吉姆来吓唬我。

这究竟是怎么回事？凭什么要让他来操纵一切，这个世界上还有什么是我没见过的吗？我会告诉他一个有尊严的人是如何行事的。

因此，我提供了100，000美元的工程服务费，用来指导他的人员完成所需升级和NASA要求的认证测试。你猜，他的回应是什么？只是一句敷衍的“谢谢”，这简单的两个字还夹带着暗示：我应提供更多帮助。我对他说：“如果你需要我们提供更多帮助，我们将为你提供并且费用由我们承担。”

一周后，我收到的是吉姆的一封电子邮件，而不是电话。他邀请我参加一个我刚刚和大卫进行过的类似的会议。他坚持要我参加，并且要求我坐飞机去参加跨国会议，用来确定我和大卫已达成了协议。正如电子邮件所解释的那样，吉姆希望借此来向我们表达关于“行业公司整合”他自己的看法。但是，我认为这是一种荒唐的行为。于是我打电话问他：“我们还有什么事情没有解决吗？”结果和我想的一样，他一件事情都说不出来。于是，我再次告诉他：“我们已经开始着手处理，我刚刚派出两名顶级技术人员去大卫的公司出差，为什么不等等看他们的工作结果呢？”

确定我不会参加这次会议后，我补充说道：“此外，出差一个月后，我刚刚动完手术并且忙得要命！”现在不是坐飞机去参加跨国会议的时候，只要使吉姆能够假装我们所取得的进步都是他做的，从而获得功劳就可以了。

但吉姆并没有放弃。他告诉我，会议内容还包括他所属的著名乡村俱乐部的高尔夫球聚会。我感到挫败地问：“你需要医生的证明吗？”然后，我没有再说话。即使这样，吉姆也并没有放弃，他认为我需要派出我的顶级制造副主任去参见会议，并补充说：“当然，你派出去在大卫公司工作的工程师也要参会。”

对我而言，整件事情虽然很可笑，但它一直在困扰我，让我变得忧虑。我唯一认清楚的一件事就是我要了解吉姆，并且让他觉得他不需要我。从现在开始，我要尽可能地避开他，并且承认，他对我们取得的一切所做出的投入。

我无法弄清楚他和他公司老板之间的事情，也并不知道为何他需要获得如此多的功劳。幸亏我并不是刚刚步入职场的年轻人，因为那样我便会很容易生气，我也会经常因为这种浪费时间的权力游戏而陷入困境。虽然我在公司销售中赚了很多钱，但是却要长期忍受这样愚蠢的事情。

极度求真的必要性

这位首席执行官的叙述充分说明，公司内部存在着不能逃避的“规则”，任何人都可以轻松地扮演剧本中的角色。梅尔因他所遇到的情况深感烦扰，他意识到自己在处理这些事情时还很不熟练。他说：“毫无疑问，吉姆和大卫在我出现之前，就已经善于玩转办公室‘规则’了。在我离开后，他们还将继续这样做。”

缺乏安全感又不完美的人会认为，我们所有人都会按照根据重新编写的剧本办事。不知不觉中，我们都在寻找扮演角色的人员以及放映剧目的地点。不幸的是，当扮演角色的人突然明白发生的事情时，他们通常已经陷得太深而无法脱身，只能继续扮演着对他们毫无意义的角色。

良好的管理需要杰出的人才

曾经我与一些重视个人发展、乐意指导他人、理解他人的领导在一起工作，这让我觉得自己很幸运。他们的管理方式不仅体现出他们的智慧、善良、成熟和诚实，还体现出他们对员工给予了足够的关心。

他们能够理解那些经历与他们不同的人的处境。我和他们一起工作的时候，我们每个人都能保证自己实施的是良好的行为。在面对管理问题的时候，他们每个人也都会明确表达自己的意见，而且充分考虑现实中的三种观点，这三种观点分别来自于管理者（通常是他们自己）、申请者（员工或职位较低的管理者）和公司（包括产生好结果所需的系统）。

他们每个人似乎都关心每个实体的福利，并且避免讨论那些容易产生歧义的解决方案。事实上，当我与客户和学生讨论棘手的管理问题时，我经常想，如果这个问题发生在马克、戈登、罗森或克利夫的身上，他们会如何处理这个令人感到困惑的问题。我会将这些杰出管理者可能采取的方式一一列出来，然后当我有机会与那个人交谈时，我会询问自己对他们的推理是否正确。

在此过程中，我明白了一个道理，我要学会让我和其他人关注的重点保持一定的平衡。而且，我还得出一个很简单却很重要的结论——**实现良好的管理，确实需要杰出的人才帮助自己。**

一种选拔管理者的错误做法

不幸的是，现实中根本就没有那么多杰出的管理者。即使有，这些杰出的管理者也会被繁琐的事务缠身，以至于他们根本不能专心地解决管理中遇到的问题。而且从某种意义上讲，实现良好的管理，不应该完全依赖于寻找优秀的管理者。事实上，聪明、善良的人非常多，在正确的指导和企业文化的支持下，这些人完全有能力管理好自己的下属。你可能会担心，对于那些以自我为中心的高层管理者来说，他们是否愿意帮助这些人在公司中脱颖而出。那么，你可以看一下皮特给我的便条。

皮特是一家上市公司的具有高收入的首席执行官。这家公司拥有三千多名员工，一直运转得非常好。有一次，我在领导人颁奖晚宴上遇见了他。晚宴结束后，我们相互道别的时候，他要求我在《取消绩效考核》一书上签名。作为已经阅读此书回应，他在上面写了一句有礼貌的谢谢。但他写的便条让我非常厌烦。便条上的内容让我觉得，以自我为中心的管理思想应该从地球上消失。看看这张便条，你是否发现了我认为的具有破坏性的常见的管理思想。

尊敬的卡尔伯特博士，

感谢您送给我《取消绩效考核》这本书！我很高兴在感恩节休息的时候可以阅读它。我发现它确实像您说的那样发人深省，而且很有意思。

虽然我知道，你确实准确地提出了很多系统性和执行性的问题，但能从绩效考核中受益，这让我觉得自己是一个幸运儿。如果有机会，我很乐意与你聊聊我的个人经验。为了构建一个对同事们有意义、能为股东带来利益、连贯的“人才生态系统”，我投入了大量的行政资源。

很高兴在洛杉矶与你和你的妻子见面，祝你有一个愉快安宁的感恩节！

期待我们的下一次见面！

谨此致意，

皮特

我相信，你也一定看出来了皮特以自我为中心，采取自认为对他人有益的管理行为，而这种行为在一定程度上产生了负面的影响。不幸的是，皮特并未意识到这一点。

其实，这个问题一直困扰着很多人。从皮特的角度考虑，公司其他人的想法并不重要，他的任务就只是为公司中执行工作的人提供平台，帮助他们提高工作效率，并一直寻找改善他们福利的方法。

虽然他在工作描述中并未表述出他以自我中心的思想，但我们可以想一下，为什么他讨论的重点是吹嘘他的“个人经验”。确实，在经历了一些事情之后，他获得了事业上的成功。但是他的工作就是满足他人的需要，帮助他人实现目标，消除他们路途上的障碍。那么，他的“个人经验”还有什么意义呢？

像这位首席执行官一样的人，是否都深受获得个人成功的困扰，承担为他人提供平台的职责呢？我遇到过许多像皮特这样的高管，我认为，现在是时候给这些人提供大笔退职金和他们应得的房车了。

变革只是“新瓶装旧酒”

一般情况下，当新的管理方法被提出来的时候，大多数管理者能很快认识到它的价值，也明白对管理做出改变的重要性。但是，当谈到变革的具体措施时，管理者还是很犹豫，他们害怕会出错，导致自己的形象受损。

虽然一些管理者确实热衷于改革，但在一定程度上，他们想要的改革只是做一些微弱的变化，因为这种变化并不需要他们承担大量的风险。然而这种微弱的改变并不能使他们取得足够的进步，自然他们也就没有继续前进的动力了。这些导致他们最后只是热烈讨论取得进步的方法，但并不致力于体制改革。他们清楚公司需要进行改革，自己也想成为先锋和进步人士，因此，他们宣扬一些启示语录，但这不过是新瓶装旧酒而已。管理者声称，他们要遵循计划时间表，满足员工需求，取得进步。

接下来，让我们看看这些管理者宣扬的启示语录：

我们不再执行任务，我们只为员工提供“成长机会”，激发员工的“个人潜能”。

我们不寻求帮助，我们只“提供援助”。员工不再是我们的直接下属，而是“商业伙伴”。

我们不再分配人员到项目组，我们会邀请员工“一起旅行”。

我们不直接处理数据，而是对数据进行“钻研”和“下一步分析”。

……

这些语录都让我感到害怕。当管理者想要获得某人的关注时，他们会说类似“让我对你说实话”“是时候坦诚相见了”的话，但他们并没有意识到他们的声明缺乏真实性。那么这些具有“亲密感”的措辞真的能够改变什么吗？

管理领域经历了多年的变革，管理者们也实施了新的、先进的管理方法，但管理并未取得明显的、根本性的进步。对我而言，管理领域发生的事情与高尔夫器材行业发生的事情类似。制造高尔夫器材的公司总会采取措施提高生产技术，制造出新的、经过改进的高尔夫球杆，确保能让顾客在距离更远的地方进行更准确的击球。

而公司的营销团队也开始发挥作用，由于高尔夫球员放弃了仅在几年前购买的俱乐部，换到能够改进比赛的更昂贵的高科技俱乐部那里去，因此，销售额每年都在增加。他们很高兴，因为他们确实可以从更远的地方击球，但他们的比分基本未变。最后，他们还在为自己的努力而感到自豪。同样，实施新的、先进的管理方法也并没有取得什么效果，但管理者却会为此感到满足。

毫无意义的一种管理战略

在实际的工作中，员工希望管理者能够履行规定外的职责，他们需要管理者帮助他们完成自己无法做到的事情，但这就需要管理者承认过去的不足，并采取其他的方法进行管理。而对于管理者来说，他们可能根本无法实施新的管理措施。一般情况下，管理者会说：“我可能需要得到上级领导者和管理者的指导，我可能并不了解‘系统’是如何运作的。”因此，管理者不愿意采取任何实际行动。

不幸的是，当管理者发现他们使用的方法不起作用时，他们会采取备用方法。而通常情况下，尽管备用方法实施的时间很长，强度也很大，但同样不起作用。而当他们不能压制员工的反抗时，你知道管理者们会怎么做吗？在之前，我们已经讨论过这个问题了。管理者们会责怪他们的员工没有回应自己。在询问高层管理者如何迁升至高层时，很大一部分人认为某位“大人物”发现了他们的潜力，将他们招致麾下。可以说，这位“大人物”为他们打开了门。

在如今的词汇中，有一个词叫做“被指导”。事实上，“被指导”并不一定是一件好事。大部分指导者都会追求个人爱好，以牺牲公平为代价，确保在自己能够获得优良的待遇，但是他们并不认为他们所做的事情是不好的。在他们的意识中，他们正在实施良好的管理行为，为公司做客观并且正确的事情。他们培养人才，让人们有所挑战，快速成为“高绩效人员”以确保公司能够留住这些人才。

他们这种做法好像在向所有人证明，这就是一种管理战略。尽管我不想打击任何人，但通过指导来赢得别人的支持并不是公司应该采取的管理措施。良好的管理并不是指导一个人，旨在让每个人都能做到最好，而且能够协助该公司创造实现他们抱负和梦想的环境。

受当今企业文化的影响，管理者要想实施良好的管理行为，就必须学会以他人为导向，满足员工的需求，承担相应的责任。若要做到这一点，管理者就不得不放下自我追求和客观性这个幌子，与同事通力合作，消除公司范围内阻碍员工提高工作效率的障碍。

很显然，企业文化必须得到改变。接下来，我要谈论的就是如何做出改变。

PART 3

策略：获取最忠诚有力的支持

CHAPTER 7

第七章　变革，从克服文化冲突开始

在管理变革之前，管理者要做好准备，打破常规，勇敢地做出改变。而在管理变革的过程中，管理者不仅要学会克服文化冲突，消除文化障碍，还要转变思维方式，对企业原有的不良文化进行修正。

在变革结果出来之前，管理者都可以说自己已经推进了实践进程，改进了实践方式，并且实施了良好的管理方法。但是，考虑到管理者的工作思维方式，我不会指望管理者说的这些做法会对公司起到什么实质性的作用。我在之前就已经提到过，管理者在工作中会遇到各种各样的障碍，这使他们不能将工作顺利地进行下去，事实也确实是这样。我们只需要知道管理者可能会从同事或首席执行官那里得到的回应，就能明白这个道理了。他们的同事或者首席执行官通常会说："当我们与别人的想法不一致时，我们如何才能坦诚地说出自己的真实想法以及这个议题的缺点和局限性？"

我认为团队本身从未缺乏优秀的管理理念，也不缺努力奋斗、积极进取的人才。但是，团队的有些工作文化（以下简称为系统）总是在阻碍其进步，在赞助商离场之后，团队里任何先进的举措都难以继续实施下去，而该系统所面临的限制也远比眼前所见的多得多。管理者在教育、培训、指导员工上花费了很多的精力，投入大量的管理时间和资金，而相比这些，投资所得的回报简直微乎其微。

我们需要明确的一点是，不是所有的团队都像前文这么糟糕，个别公司还是有许多耀眼的地方的。我们不妨看一下下面的例子：在Home Depot（家得宝）[①]公司里，伯尼·马库斯和亚瑟·布兰克耐心地培养公司的管理者，巧妙地使用了自动防故障的电脑化库存和订购系统。在短时间内，他们将家得宝从一家初创公司做成了引领行业潮流的领导公司。

路易·格斯特纳在IBM[②]公司工作的时候，团队遇到了文化危机，如果你了解他是采取怎样的个人对策，以及他坚持要求IBM合作伙伴使用的转变商业模式是怎样的，那么你就会明白什么才是一个管理者应该做的事情。

---

① Home Depot（家得宝）：美国家得宝公司，是全球领先的家居建材用品零售商，美国第二大零售商。

② IBM：IBM（国际商业机器公司）或万国商业机器公司，简称IBM，是全球最大的信息技术和业务解决方案公司。

还有，当星巴克创始人舒尔茨即将退休时，星巴克遇到了非常棘手的管理问题，而他采取的冒险的举措帮助公司渡过了难关，使自己重新成为星巴克的首席执行官。

很显然，只有具有开明的指导方针且意志坚强的领导者，才能坚持做他们认为必要且正确的事情。这种坚持不仅能使他们的方案得以落实，更能帮助他们的公司走出困境。

令我印象深刻的一件事，是当苹果公司的CEO蒂姆·库克宣布他的同性恋身份时，他的公司正处于冲击创造新的销售记录的季度浪潮的时候，他利用自己的地位为其公司创造了新的接受尺度，并在其它公司内产生了溢出效应。我可以看到，他所采取的举措，让人们了解到每个团队的员工都应得到的基本态度和感受是什么样子的，但显然这不是任何苹果高层所认为的安全启动行动。虽然他在苹果公司工作了十六年，但这是蒂姆·库克第一次这么做，而且他还是公司唯一的首席执行官！

想要借鉴已有的经验，但不幸的是，在工作领域中，由于人们都在不断地强调要执行良好的管理行为，克服企业文化冲突的进程就显得非常缓慢。而通过克服企业文化冲突来实现良好管理的方式，并不会让公司的管理行为变得轻松多少。

我参与过两个全球联盟的工作变革方案的制订，每一个方案都涉及成千上万的专业人士，他们提出了先进的工作实践方式，这些基于良好假设的实践方式与那些大多数糟糕管理行为表现形式的实践方式截然不同。

其中一个联盟成立于20世纪40年代末，另一个联盟大约在此十年后成立。即使两个联盟采取的实践方式不同，但他们的目标和潜在的假设是一致的。

许多行业专家都加入了这两个联盟，除此之外，两个联盟的其他成员也都有着强大的学术资本。当我加入的时候，联盟中的每个人都已经成为促进工作和社会进步的中坚力量。尽管当今企业中仍然残留着由联盟倡导的实践误区，而且大家也在继续对其进行研究，但这两个联盟都没有形成足够大的规模，也没有以主流的方式嵌入当今的社会规则当中。而如今，其领导者希望他们的良好假设和实践经验仍然能够促进企业进步，并且对企业的发展具有一定的借鉴意义。

这两个联盟均是由活跃的科学家、干预主义者以及工业和社会领导者组成的，他们致力于帮助人们提高工作效率和生产力。联盟中的每个人都希望创造一个公平竞争、具有极高透明度、提高自我决定和治理能力的工作场所，它能确保所有参与者都有发言权，并让每个人都承担责任，从而真正地了解他们的建议和行动究竟是如何影响其他人和单位生产力的。这么做并不是为了剥夺领导者的权力，而是为了消除企业合作范围内的障碍。

尽管这种说法很少被提及，但我还是想将其中一个联盟称为应用型人文心理学联盟。它体现了被社会科学家称为心理学“第三力量”的人文主义信条，这个联盟提高了管理者的自我意识、对他人的敏感度以及社会意识，并深化了个人的解放程度。

另一个被称为学术界的STS①和工业界的QWL②联盟，它的做法

① STS：社会技术系统与设计。

② QWL：工作生活质量，也称为“劳动生活质量”，它是根据“生活质量”引申而来的术语。

正在逐渐影响各类机构。这个联盟专注于重新设计工作系统，以使生产技术与工作人员相匹配。它试图根据员工能充分贡献自己个人能力以及团体协作能力的方式来重新进行工作分工。

两个联盟都占据了不同学科的重心——前者占据了心理学的重心，后者占据了工程和技术，这两个联盟都被视为是受价值驱动的应用科学组织。每个联盟的核心调查方法都是建立在实时工作情况下进行理论分析的基础上的，组织者并对其产生的影响进行严格的记录。

他们的标准实验程序是：

（1）构建一个理论上的、适合情境的工作场所，并对其进行干预；

（2）收集数据，用应用方法对其效果和影响进行评估；

（3）分析与修改理论相关的数据，并完善相应的实施计划；

（4）再次介入并收集更多数据；

（5）用数据验证之前提出的理论，如果结果不符合目标假设，则进行数据导向的更改，并重复此过程。

这个过程也被叫作“行动研究”，比如出席会议、阅读期刊和参与大量的网络建设等项目。有些项目会因为公司内部的特定反对意见而被制止，但我从来没有意识到任何一个联盟会对这些活动有如此强烈的抵触情绪。不过，长期来看，每个联盟确实都取得了成功。

应用型人文心理学联盟衍生了一个名为“组织发展”的新型专业学科，基于这一专业学科，数百所大学开设了以教育学为基础的类似课程。其中，敏感性训练、T-群体或训练组、绳索课程、EST训练等课程在整个社会中广受欢迎。在当时占主流地位的Look杂志上，有一篇关于工业界T-群体的文章，这一文章曾经轰动一时，其封面故事惊呼“你可以在办公室放声大哭”。

工作、生活质量和社会技术系统联盟倡导沃尔沃、杜邦、美国铝业和宝洁公司等知名大型企业使用自主运作工作组、不干涉管理和生产成本削减的流程。它负责让工人参与到丰田和通用汽车公司最年轻的品牌“土星（Saturn）”的生产设计过程中。其规则成为了众所周知的洛克希德·马丁公司（绰号为：臭鼬工厂）的管理基础，使得F-117隐形战斗机的设计和建造速度变得非常快。

虽然在这里我只是进行了较为表面的探讨，但是，我认为我所谈论的很多事情对你们而言都是新奇的。如果这些创新的工作实践方式成为整个企业文化的主流，那么事情就不会是现在这般糟糕的样子了。

克服文化冲突

我们现在试图解决由文化冲突导致的问题，就如同某人想要根除计算机的病毒一样。通过对计算机进行感应检测，该病毒可激活旨在抵制所应用提取文件的算法。我所提及的抵制算法中规定："不要浪费宝贵的时间去提出不存在解决方案的问题。"这使我们难以处理企业文化冲突所造成的麻烦情况。

也就是说，受这种算法的不合理性以及缺乏实际解决方案的制约，在不能应对突发情况时，人们就会将有关这种文化的工作当作浪费时间的工作。这种做法不仅使问题变得非常模糊，还可能使我们根本找不到问题出在哪里。

事实上，大多数管理者意识不到企业文化的改变能够带来什么结果。他们也承认，由于很难确定自己会受到什么影响，他们自然就不积极参与变革，而是选择保持原始的状态。

了解领导与管理之间的区别

克服文化冲突的另一个难题是管理者在面对那些由工作文化导致的不良行为时，并没有清楚地了解领导与管理之间的区别。人们期望那些处在总裁、副总裁和董事长等高管职位的人能成为公司的领导者，他们要担任作为一个专注于大局并指导员工工作的角色。他们的工作是制订和监督公司运营流程，即指导每个单位和每个职能部门的日常工作，并对经营成果负责。

为了成功地发布指令，并让手下的员工服从他们的领导，这些处在高管职位的人他们会不断地进行指导、部署、委托等一系列工作，必要时他们还会进行判断。无论是他们自己提出的计划还是经过自己同意实行的计划，他们都有责任确保工作人员协调合作。毕竟，当结果呈现在眼前时，他们将获得完成项目的功劳或者承担无法完成项目的责任。他们应确定每个项目的专用预算，选择合适的人员，授权其下属的管理者对人员进行部署并分配任务。无论成功还是失败，结果都由他们负责，因为这直接关系到公司的业绩。

对处在领导职位的人来说，他们在管理员工时也要有良好的心态。他们不仅要负责安排整个公司的运营工作，保证每个人的效益，还要确保所有管理者和执行人员都是按照协议进行实践的。

在处于领导岗位时，他们要做的是顾全大局，将重点放在确保公司坚持实施战略方针这一主线上。但是，大多数领导者每天都需要花费大量的时间来解决问题，检查个人和公司运营情况，并获取相关信息。他们也向大部分管理经理以及少量的工作人员直接下达命令，而这些人希望的是被领导者询问实际情况并得到他的指导。但是，他们并不能从领导者那里得到回应，大多数领导者只是习惯于做出指示，将其视为自己权力的体现。

和领导者一样，管理者也需要做出决策，而在进行决策之前，他们选择首先进行自我肯定。当然，这也是可以被理解的，但是这只是他们任务的一部分。管理者应该花更多的时间来指导员工，以便员工能够顺利地完成工作，取得进步，进而获得成功。这就需要管理者充分了解员工的技能、职业倾向和自身的局限性，根据实际情况分配任务。除此之外，管理者还有一项更崇高的责任：帮助员工完成工作，获得员工的认可并以实现企业的整体目标为基准，不断向前迈进。

要想实现良好的管理，管理者需要给予员工解决问题的空间，询问员工如何看待现实情况并且认真考虑员工的建议。与此同时，他们也要和员工讨论如何在实现公司目标的同时，实现员工自身价值。优秀的管理者也会向执行人员提供他们需要的资源和预算，并明确他们被授权的权限范畴。在任何情况下，良好的管理行为都始于管理者的询问，而非其声明和指示。

明确员工是否需要管理者的指导

其实，大多数管理者都知道他们要怎样做才能得到好的工作结果，他们也发现直接告诉员工需要做什么，要比解释自己或者公司的需求更有效。要做到这一点，管理者就需要花费时间来询问、教导员工，让员工按照自己的决策去做，以此来满足人们所谓的良好管理行为的教科书式要求。而当员工的工作不受管理者影响的时候，很多管理者会变得焦虑不安，他们担心不受自己掌控的某些行动或决策会危及公司的经营成果，同时，也担忧自己所寻求的绩效被减少。

对员工来说，遇到特殊情况的时候，他们需要的是自我指导还是接受管理者的指导呢？如果员工觉得选择自我指导就可以了，那么员工就需要考虑一下，管理者对掌控自己工作的需求程度以及与其个人的独特的反应等因素了。无论怎样，领导者和管理者都要明确，领导和管理都是满足公司需求的活动。让员工进行自我指导仅仅适用于管理资源或整合系统的时候，而当公司需要将员工分成若干个小组，让他们各司其职、共同完成任务的时候，管理者的指导就是必不可少的。

每当有些高管向我提出让他在安德森学院教授课程的提议时，我就会发现自我指导、个人贡献和管理者指导活动之间的区别。这个例子与我所谈论的情况非常相似。这位高管说："我赚的钱已经多得花不完了，但我不想退休，我仍然想为社会做出自己的贡献，我有很多东西想要传承给后辈。"虽然很少有人怀疑这类人的真诚和慷慨的精神，但这些高管可以提供的东西却并不是MBA[①]学生所需要的。

我会问他们："在描述了你是如何成功之后，你向学生教授了什么？听了你所讲的东西，学生能懂得什么、学到什么呢？当然，学生会了解你是如何运营公司的，也会知道你获得成功的因素是什么，并且从中获益。但是每个学生都有不同的技能、兴趣、抱负和才能，他们所面临的情况与你经历的情况是不一样的。在每种不同的情况下，学生们都需要进行自我评估并找到属于自己的最佳做事

① MBA：工商管理硕士，是工商管理类硕士研究生学位。

方式。”然后，为了缓解紧张的聊天氛围，我微笑着说道：“另外，我不希望你们这类人抢我的饭碗。”通常情况下，他们会明白我的意思并且不再向我提出这种要求。

良好的管理不仅要求管理者成为受大家拥护并且愿意帮助他人完成抱负的团队成员，还要求管理者与员工进行敞开心扉的沟通，互相建立起足够的信任。管理者要做到让员工不必担心自己会对他们产生负面影响，从而引导他们说出自己工作的真实情况和真实想法。而行为良好的管理者自然不会通过自己的行动造成激烈的员工竞争，也不会与个别同事一起偷偷摸摸地行动隐瞒信息，参与幕后活动，导致群体感到不安。

如果一个人无法正确地认识到领导和管理二者的差别，这个人就会做出我认为缺乏常识的管理假设——认为人人都可以进行管理，这是非常荒谬的。同样，**当没有人表达自己的不满，管理者就假定自己的管理行为是良好的，这也是十分天真的。**

在现实生活中，有的管理者往往过于以自我为中心，在他们看来，明确别人的意见就会让他们觉得不安全。像这样的人绝对不会允许任何人分到一杯羹，就更不用说让别人决定公司的命运了。此外，员工向管理者直接报告工作进程和自己对工作的建议，不仅是为了得到肯定，更是想确保自己所做的，没有向管理者的权力发出挑战，与此同时，也表明自己没有抱怨管理者。

如果你被这些空洞的想法所吸引，那么，你很可能会认为我接下来要说的更加令人吃惊。

事实上，没有纯粹“最佳”的管理风格，每位管理者都有自己的管理风格，都在强调他们认为最好的方式，然后针对每个报告的独特倾向和需求进行调整。更重要的是，不管工作的重要性有多大，管理者们都会在指导员工这件事中投入不同程度的心力。

有一个相对简单的方法，能确定一个人希望得到什么样的管理，那就是询问这个人，他要完成什么，他在如何行事以及他为什么决定如此行事。如果这个人说他所采取的活动都是以公司需求结果为导向，那么，他本来的倾向很可能是希望实现自我指导。如果这个人是为了帮助他人完成任务，那么实际上你可以认定他的管理思想是正确的。但是，千万别一锤定音，因为还有其他可能，所以，在下定论前最好多问几次对方的想法。

高层管理者需要知道自己公司的情况，并了解他们要完成的任务是否已经具有所需的条件和良好的团队，自己的员工是否还需要接受指导。如果像我一直在争论的那样，领导者认为员工需要更多的他人指导，那么则由领导者提出一个变革管理的流程，并为参与该流程的管理者制定激励机制，对自己的下属进行指导。

总的来说，身为管理者，就要学会和自己的员工进行不断地沟通，明确员工的想法，看他们是否真的需要自己的指导。

做好消除企业文化障碍的准备

除非一些知名企业的领导人积极推动纠正工作场所错误思想的进程，否则企业文化一般不会发生大的变化。无论是用理论推理还是逻辑论证，结果都表明这种做法不会发生，而我同事的经历也使我深信这一点——改变整个社会的价值观始终是一件充满太多不确定因素的事情。

幸运的是，单个公司不必等待整个企业文化发生变化，它可以自由地决定自己要实施的管理行为，而其领导者也有办法获得自己想要的管理思路。但是，它需要一个有效的流程，更需要顶层领导做出很多切实可行的承诺。

打破陈规，做出改变

在与众多企业领导者合作的过程中，我参与了数十项变革管理的计划，还阅读了很多的报告。大多数合作都是以我曾经认为合理而现在看起来有缺陷的方式展开的。领导者以热情的态度来声明要开始自己公司的管理变革，换句话说，他们鼓励所有的推销员大肆宣扬他们的工作是积极的。而事实上，多年来，我从来没有再回想过这种所谓的积极思考方法。但是，经过对工作停滞原因的思考，加上采访了一些热情度稍低的参与者之后，我最终找到了这种方法的巨大缺陷。

无论新的行为看上去有多么得合理有效，都不能期望这种行为能迅速达到自己想要的成果，领导者也不能有类似“这是一个绝妙的好主意，现在来实现它吧”的想法。领导者要转变思维，改变行为，而不是坚持人们固有的思维方式和行为。管理变革不仅需要让公司所有人确信领导者的行事方式是正确的，能够让所有人从中获益，还需要人们让新的行为、计划合法化，也就是让他们从原有的思维中跳脱出来。

所以，到目前为止，当向领导者提出变革管理计划时，我都明确地提出要帮助人们打破陈规。我会建议将标准的沟通信息从“这是我们想要的和我们期望的好处”变成“这是我们之前做出的错误假设，以下是我们低估和忽略的一些方面。长久以来，我们都遗漏了一些问题，现在看来这是非常明显的错误，而这个错误导致我们没能找到更好的方法，以使工作取得进展。”

为什么要说出如此丢脸的事情呢？因为进行管理变革不仅仅要求人们改变自身的行为，还要求他们跳出错误的、需要立即更替的思维。这需要公司的所有人克服心理障碍，而做到这一点他们必须靠自己，领导者能做的就是给予他们支持。

我认为，领导者在确定新的计划后，应该立即采取措施纠正、应对、隔离错误的想法和行为，这样才是既勇敢又明智的。称其勇敢是因为，这样做不仅代表领导者承认了人的易错性，并认可员工对其他公司做法产生的质疑，而称其明智则是因为其揭露了造成消极影响的逻辑思维。

在2000年那年，苹果公司就发生了这样一起倒退事件，开明的人力资源领导者要求立即停止绩效评估。不幸的是，他们并没有进行揭露本质的探讨。一半以上的工作单位的管理者，历时五年时间才恢复审查规则，部分单位还实施了未在全公司推行的额外员工分级计划。

综上所述，团队领导者想要调整工作流程，改变之前的做法和有缺陷的管理思想，他们必须要清楚地了解良好行为思维的逻辑。但在这之前，他们必须克服一点，那就是他们不知道管理者在此之前灌输理念的基础是什么，简单来说就是，领导者不知道管理者之前对员工提出了什么要求。而之前错误的思想也会一直存在，它并不会因新的决定而消失。

改变需要更替的五种企业文化期待

接下来，我想列出一份需要明确公布和修改的五大文化期待的名单。我这样做是为了帮助领导者来引导管理者，让管理者明白他们自认为僭越、对员工进行指导的思想是错误的。当然，还有其他许多错误的文化期待需要领导者做出改变，而我所列出的五种期待都需要公司进行仔细地思考，然后做出改变。

1 如期完成工作的文化期待

最常见的如期完成工作的文化期待心态，就是“你今天为我做了些什么？”简单来说，就是指工作文化对人们的要求和人们所希望看到的工作成果。为了取得有效的成果，人们开展活动，但这种文化期待建设性地将投入与产出联系起来，使得人们必须为开展活动所耗费的时间持续负责。不幸的是，它也对他人的指导管理行为具有反作用。

这种如期完成工作的文化期待，为企业高管和业务部门领导者带来了无形中的压力，他们必须时刻记住要让公司完成按季度预测的目标，而这个目标的金额有时甚至能精确到每股收益多少钱。

人们需要了解的是满足这种期待的不利之处，这种文化期待会导致领导者将重点放在可能导致长期收益大增的行动上，它可能还会导致首席执行官售出有价值的未开发公司资产。那么，他们为什么要这样做呢？这出于一下几个原因：第一，这样做会使得公司获得的利息、折旧和摊销前的收入增加。第二，许多首席执行官这样做可以拿到与这个指标挂钩的奖金。这也就是我在第三章表述的我阅读洛杉矶时报的动机。

在涉及到人员管理的问题时，这种期待的作用几乎总是消极的。这是引导一些管理者认识到敏感的人们将自己汇报成“人力资产”，并将自己每一项贡献货币化的迷失之源。这使得不同层级的管理者追求单方面责任感的满意度，它在一定程度上阻碍了员工和管理者直言不讳地向可能影响他们命运的人表达自己真实的想法。

如期完成工作的文化期待导致一些管理者认为，当员工没有完成自己的工作，没有达到管理者的期望时，管理者需要做的就是说出自己的不满，指出员工工作中的错误，然后退居幕后，观察员工是否按照自己所说的进行了改变。然而，这并不能使员工走上正确的发展道路，即使是一个聪明的导盲犬，它也无法在迷路之后，立刻重新确定方向。但从某种角度考虑，这也是让员工对管理者的错误以及权力进行默认的万全之策。

良好的管理行为需要经过他人的指导，并且在长期锻炼的过程中形成。管理者需要对一个人进行适当的指导，并且让这个人有足够的时间，自行决定采用什么方法来改进自己的行为。良好的管理始于询问，而不是规定，这就是为什么我长期支持问责制的原因。问责制即管理者要为员工承担相应的责任，员工也要对管理者负责。

2 客观性的文化期待

在现实工作中，人们都期待领导者或者管理者用绝对客观的态度进行工作，这种想法是十分不现实的，因为任何人都不具备这种能力。对于领导者和管理者来说，如果想要满足这种客观性的文化期待，他们需要做出大量的伪装，而这种伪装会导致由怀疑引发的自我疏离、不关心他人的感受、不诚实等一系列行为。它会阻碍人们区分各种观点的标准，让人们无法正直、开明地讨论问题，进而调和不同观点和分歧。总的来说，这种文化期待本身就存在着明显的限制，想要满足这种期待，我们需要的东西实在太多。

当人们假装自己的观点是客观的时候，他们忽略了一个事实，即使他们追求自我利益，对其他的人或事存在偏见，这也并不妨碍他们真正地关心和尊重他人。而对于管理者来说，这些并不妨碍他们帮助员工推进重要的工作。每个人都知道自利是无处不在的，在他们承认得到了别人帮助和认可的情况下，即使别人得到了他们想要的东西，他们也不会心生怨恨。事实上，对同事以及其他工作组织的利益表达真挚的关心，这也是管理活动中必不可少的一项。

我指导过很多MBA学生，他们中的大多数人的人际交往都涉及三种不同的利益集合，一种是自己阵营的利益，另一种是他人阵营的利益，还有一种是作为实体独立存在的双方关系的利益。各

方的利益都必须被尊重，各方人员的能力也应得到培养。为什么要予以对方尊重？因为只要你和他人存有交易，则这三种利益集合缺一不可，所以最好的办法就是保持各方实体均处于一个良好的状态。

那么在公司中，面对这三种利益集合，我们要怎么做呢？首先，不要忽视你自己的利益，因为自我利益是你工作的原因。其次，多关心他人，时刻顾及到他人的利益，这样，你会得到相应的好处。如果你忽视了别人的需求，他就会将你的无礼表现铭记于心。除此之外，你还要维护好自己与他人之间的关系，因为这是帮助你获得更多成就的工具。 当然，始终不要忘了最重要的一点，要时刻维护公司的利益，使公司繁荣发展，使每个人都变得更好。但是，公司的需要也不是一成不变的，要学会见机行事。

3 问责制的文化期待

我们都明白，除非不当行为造成了糟糕的结果，否则问责制就毫无意义。一个人承认自己所犯的错误，并对其造成的不良结果负责，并不代表他能够保证糟糕的结果不会发生。但是，当糟糕的结果发生时，大多数人都会想到这个词——惩罚。而惩罚的形式往往就是取消原有的奖励。

确实，没有惩罚措施，问责制就无从谈起。在一家公司里，有很多用来惩罚员工的方法，比如扣除薪水、撤销晋升机会、取消任务等。这样的惩罚对很多人来说，是极具威胁性的。那么，公司为什么不采用这些惩罚方式呢？因为人们永远不会放弃自身利益，一旦他们确定自己受到惩罚，就会采取行动让自己避免承担责任。

除了惩罚之外，你还能想出一些其他方式来追究责任吗？还有另一种问责方式，不过糟糕的是，竟然没有人意识到它。就是这种从出现就受到人们青睐的问责方式——经验教训问责制。那些表现令人失望的人，是否从他们失败的经验中学到了足够的东西？是否能保证类似问题不会再次发生？如果一个人能从导致错误行为的谬误或短见思维中汲取到足够的教训，那么每个人都会变得更好。

而当人们仅仅得出“我不会再被抓住现行”之类的结论时，这就不是经验教训问责制了，人们也不会因此而变得更好。而现实情况往往就是这样，每个人得出的结论都是“再也不会被上级怎样”，这是一种非常糟糕的现象。

要想成功实施这种经验教训问责制，员工需要从已有的经验中学到很多的实质性的内容，否则他们仍然会是公司的定时炸弹，在下一次类似情况发生的时候就会爆炸。管理者也要深入地了解员工的需求，帮助员工解决面临的困难，学习必要的技能，及时想出补救措施。

其实，我一直是双面问责制的支持者，双面问责制不仅要求操作人员对结果负责，还要求该人员的管理者对保证操作人员能够得到好的工作结果负责。因此，无论任何时候，当一个操作者给出理应追究责任的错误材料时，操作人员的管理者也应该承担相应的责任。

那具体怎么做呢？管理者要充分了解具体操作人员的需求，尽全力满足这些需求，以防发生令人失望的问题。在这个过程中，他们会学到更多，公司也会因此受益良多。而且，管理者学到的东西在处理其他报告和与操作人员打交道时也会有用。那么，如果管理者学习深度不够怎么办？这个时候，你就需要说他的老板也应该学习一些东西。

4 完美的文化期待

人无完人，但工作文化并不接受这一说法。你可能会问，工作文化为什么不接受这种说法呢？因为不完美的人可能会犯错，而整个工作文化环境是不能容忍错误出现的。这就是完美的文化期待。这种文化期待让需要帮助的人不敢坦白他们无知的事实，无法在一切搞砸之前，寻求到帮助。

例如，在一次新闻发布会上，美国前任总统乔治·布什被问到在其担任总统的四年里犯过最大的错误是什么，而他并不承认他犯过错误。同样，奥巴马在第二次当选总统之后，即将届满卸任没什么可损失的时候，才承认自己已经从之前的错误中汲取教训，并且用言语表达他应该如何以不同的方式履行总统的职责我们可以再看一下公司是如何使用绩效评估方法的，假设公司规定了用于评判员工工作的标准，而几乎每个员工都能达到这个标准。那这种做法就否认了不完美的人以不同的方式获得成功的实用性，即扬长避短这种方式的实用性。

绩效评估就相当于管理者发明了一种游戏，通过否定人员评分中存有偏差而把控所有权力，以致员工认为他们评判的标准就是要求员工将工作做得完美。

事实上，公司希望人们坦白在理解工作方面的想法，并根据需要寻求帮助。因为，提前问一个愚蠢的问题，总比以后犯下一个愚蠢的错误要更容易被原谅。每个人都明白，当人们隐瞒错误并否认自己做错事时，公司就会因此而受损。但是，几乎没有人认识到，当人们为了让自己的言论更有说服力，他们不得不假装自己比实际知道的更多时，这种假装通常会衍变成自欺欺人。

也许完美的文化期待所带来的最大损害，是给真心想要解决问题的人造成阻碍。我常常以为，**管理者与被管理者之间是一种信任关系，而这种关系是以真实性为基础和核心的。**真实性能够帮助人们达成仅凭能力永远不可能触及的人际交往目的。人无完人，变得更好才是人们毕生的追求，说出“我不知道”是所有人学习的第一步。

5 竞争力的文化期待

如果你去询问任何组织里的管理者是怎样看待团队合作的，他们都会告诉你，团队合作是非常重要的。同样，如果你去听取人们对与其他单位合作的看法，并观察他们与这些单位人员之间的互动，你很有可能会听到所有一样的标准言论，你也会看到与人们所声称的一样多的合作。

尽管伪装的团队合作和善意一直存在，但我发现在大公司中，竞争还是普遍存在的，而这种竞争也是一种文化期待。竞争应存在于市场竞争者之间，而不是在拥有不同观点或争夺管辖权的队列之间。

在现实工作中，员工是否支持公司的管理往往取决于公司制度而不是公司的福利。公司期望用竞争来推动员工进步，也期望员工能通过竞争将工作顺利地完成，然而他们没有意识到过度的竞争也会给公司带来负面作用，所以身为管理者，要重新审视和分析一下竞争为公司带来的影响。

领导者希望公司所有管理者都能实施良好的管理行为。我知道他们可能需要一些帮助，所以我改变了我的方法。除了提高认知和增加见识之外，我也开始提供建议。公司的领导者应该改变之前错误的思维，对原有的文化期待进行适当的修改，更应该明确目标，了解完成目标所需要的过程。

CHAPTER 8 第八章　获取公司支持，对于你的变革至关重要

管理者要想实现卓越的管理，需要公司领导者的支持。事实上，领导者并不知道管理者真正担心的是什么，也并不知道他们到底需要什么。而对于管理者来说，他们也并不知道自己应该做什么。面对这种情况，我们要做的不只是让他们改变行为，更重要的是让他们转变思维方式。

尽管困难重重，管理者还是极力想要做好管理这件事。但可惜的是，管理者并不能保证任何事情都按照自己原先想的那样去做，通常在遇到困难时，他们会采取一些措施让自己置身事外，首先不让自己的利益受到损害。我已经向读者说明了员工怎样避免受管理者的影响以及管理者的日常思虑——自己的行为是否僭越了他人。

我确实认为，人们是时候了解为什么会发生如此多管理不当的行为了。我希望员工认识到，管理者并不是故意忽视他们，也不是没有把他们的事情放在心上，这些忽视和不敏感的行为都是管理者为了处理自己的危机而做出的。我也希望管理者们更加明确知道那些导致他们不断分心的根源，还有他们用来安抚自己的那些空洞的理由。我相信很多人会认为，我的分析能够帮助他们找到一条让他们更接近其良好管理目标的途径。

更加重要的是，我想让具有责任感的公司领导者和高层管理者意识到一个一直存在的问题：作为管理者的管理者，他们的工作就是决定公司需要的管理类型，制订让管理者赖以行事以达成目的的流程。在我看来，如今普遍的工作文化并没有处理好这一点，反而很多管理行为会降低员工的工作效率。

在了解这些问题之后，我知道读者肯定想知道是否存有解决方案，如果有的话，那具体需要做什么？公司里的每个人又应该扮演什么角色呢？请记住，我们所探讨的措施远不止替换协议或修改已确立的惯例。我们正在讨论的是凌驾在一切之上的文化编程、改变思维方式和确立旨在让管理人员演变思维的流程。

管理者需要领导者的辅导

我观察并推动了许多变革管理的计划，并得出结论：如果想要突破现状，就需要让管理者改变自己的心态，这可不是一项可以委派给人力资源专业人员或外包给顾问的任务。众所周知，每年各色领导者都会在全体会议上轮流登台，用陈词滥调讲一些抽象概念，弄得员工一头雾水，还自我感觉良好。而我认为他们并不应扮演这种角色，我觉得只有公司领导者是坚持并完成这项任务的。

如果想要改变公司的管理思维，高层领导者不仅需要设定目标并确立强制管理者脱离文化舒适区的流程，还需要为依此行事的管理者提供支持和奖励。领导者需要相信，改变后的管理思维将会让公司受益，他们不但能得到良好的效果，还能为公司获得更多的利益。而且，在工作中，紧急情况会随时出现，管理思维的改变也有助于领导者及时有效地应对紧急情况。

事实上，许多公司也一直在尝试制订计划来改变管理者的思维。一些领导者也坚持实施管理变革的计划，其中很多人都取得了成功。在高层领导者并肩坚持要求管理者完成任务的情况下，我还没有听说过首席执行官领导的计划出现失败的情况，但这需要领导者以及首席执行官的全力支持。

想要在团队中进行管理变革计划，那么执行的这些人就需要进行大量的讨论，以就他们想要的思维方式转变结果达成一致意见。在计划刚开始实施的时候，他们知道彼此之间是存在差异的，但他们需要一段时间，才能知道这种差异究竟可以缩小到什么程度。根据我的经验，因为他们每个人的主张都对于塑造良好的管理效果至关重要，所以除非团队成员完全透露个人的想法，否则他们就不能达成真正的协议，也不会做出任何约束性的承诺。

在确定了一种思维方式之后，高层领导者需要制订一个流程，来让管理人员改变自己的思维方式。例如，如果高层领导者想要管理者提出建议，则高层领导者需要让管理者认为他们是为了自己的利益才提出建议的。高层领导者可能会建立奖励机制，指明具体的行为及其发生的频率，如果管理者不能按要求完成任务就要受到惩罚。这种做法能使管理者进行自我激励，他们也能体验到以他人导向为重点的益处，并找到接受它的方式。

小公司的人员更容易实现自己需要完成的目标，而大企业里的人员总有一种维护以往决定和遵循当前业务轨迹的使命感，所以大企业很难达成亟待实施的目标。无论哪种情况，我觉得CEO 都需要买进足够的控制股权。

路易斯·郭士纳（Louis Gerstner）[①]让每一位IBM的最高层管理者，都心甘情愿地采用他的思维方式。那么，他是怎么做到的呢？他说如果哪个管理者对他的方式有疑义，那这位管理者就可能被扫地出门。虽然郭士纳的这种方法很成功，但是这种“拿枪指着头”的方法会使人们不敢发表自己的真实想法。

多年前，邓拉普（Al Dunlap）[②]在斯科特纸业公司（Scott Paper）发表了类似于郭士纳的威胁性声明，当他接管阳光公司（Sunbeam）时，他的盛名无人不晓。他大声说出自己对斯科特雇员所说的无情话语，阳光公司的一群重要雇员告诉邓拉普：他们会一直忠心耿耿，直到他们找到别的工作，然后辞职。很明显，这种做法并不是一直有效。

① 路易斯·郭士纳（Louis Gerstner）：纽约市长岛人，前IBM公司总裁。

② 邓拉普（Al Dunlap）：Sunbeam原CEO，邓拉普任职期间，Sunbeam形势恶化，并最终破产。

取消绩效评估

我有一个与这次讨论相关的经历，我曾在一家拥有150，000名员工、备受瞩目的跨国公司为一场转变观念的企划做了五年的咨询顾问。这家公司每年花费数十亿美元，用于管理培训和提高员工工作和生活质量。我从来没有见过比这家公司老板花费更多时间和精力，在建设一种关爱员工、为顾客着想、为社会做贡献的管理观念上的领导者了。

我在那里的任务是，负责为几位担负全公司领导职责的最高层管理者疏解对公司依赖绩效评估这件事的矛盾心理。公司最终决定取消绩效评估，而我则被他们聘请，对取消绩效评估和以此提高全公司管理水平等相关事宜提出建议。

在我所提出的建议里，第一个就是将互联网系统与员工得到的评估分数分开。到目前为止，评估分数对薪酬、奖金、股票期权和职业晋升机会的影响还是起作用的。对此，我有几条建议：薪酬是由人们付出的劳动决定的，而不是根据业绩来定的；奖金应以工作单元结果为基础发放，而不是仅凭个人努力；让每个工作团队中的每个人都分享相同数量的或占他们工资相同百分比的奖金，股票期权也是一样。

我不希望在一起工作的人们，为了任何形式的认可或报酬而相互竞争，我们应当尽力消除任何阻止人们与需要他们帮助的人合作的阻碍。事实上，公司应该支持和奖励团队成员间相互帮助和照顾的行为，确保一起工作的人最终能共同赢得胜利。

至于职业发展和晋升机会，我建议由人力资源负责人领头召开晋升讨论会议，采取公平的方式决定谁应该获得晋升机会。我建议尽可能将现任负责人排除在外，职位要被公示，员工可以自我评估，申请觉得自己能胜任的职位，并由专家组进行面试，然后进行讨论。但是，专家组不能投票决定谁能获得晋升机会，他们只是交换彼此的意见。最终，招聘负责人会在申请人中做出选择。

我们可以随心所欲地讨论个人性格，但是谁也没有客观的方法来确定哪个人能把工作做到最好。我们可以做到的事情就是让招聘负责人选择他认为最能帮助他工作的人，然后让该负责人对选定人员的表现负责。更直接地说，我建议将现任老板排除在晋升讨论会议之外，是为了让下属能表达他们真实的想法，这也是取消评估的主要原因。

主流文化对绩效评估这种做法是持肯定态度的，他们认为评估可以让员工看到他们表现的反馈，并对自己的工作进行改进。而我却不这么认为，我觉得评估只会让员工变得畏畏缩缩，不敢告诉管理者他们所谓的“优良管理行为”给员工带来了多大的问题。我认为取消评估、修改结构才能让管理者获得对他们来说有价值的反馈，而不是本末倒置。

作为领导者之一的比尔，也就是公司的CEO 发动了这项倡议，并向“领导班子”保证，他的上任就意味着取消评估。在这时候，领导人就需要让人力资源部门参与其中了。公司的人事程序以及培训政策需要进行修改，要用薪酬来反映专业人员的成果。领导人还希望人力资源部门负责制订和实施计划，进行内测和公测，并对在测试中发现的故障进行修复。人力资源部门还要负责张贴内部公告并管理物流部门，以便对地理位置偏远但却适合完成某项工作的部门及时做出安排。同时，领导人也请我为这些人力资源部门的人员提供咨询。

在第七章中，我建议公司帮助员工和管理者从多年来对评估不合逻辑的理解中解放出来，在这里，我认为也应该这么做。把事实说破也可以帮助管理者认识到自己没有回头路。大多数管理者都习惯以自我导向为重点，可能他们自己都没有意识到他们正在对直接下属进行绩效评估，并且希望直接下属知道自己正在被评估。如果要让管理者放弃这种支配地位，我想他们的心理可能会受到冲击。

绩效评估被取消之后，管理者就不用再为之前的做法负责，也不会再受控制，更不会容忍别人恐吓自己。而事实上，管理者需要得到别人的支持，帮助自己适应新的状态。对于这种情况，我建议建立一个同级管理者支持小组或者进行系统自动匹配形成小组，让领导人永远都掌握着大局。领导者明白这一举措虽然表面是为了取消绩效评估，但真正的目的是为了让员工直言不讳。领导者认为员工的声音可以让管理者认识到他“良好管理”行为的缺陷，并促使他们转变观念，养成考虑他人建议的习惯。

领导者还可预见取消评估可以减少由管理者造成的员工疏离，但是，人力资源人员工作的重点是将分配给他们的任务做到卓越，对取消绩效评估能带来什么好处，他们似乎从来都不明白。

大公司通常会出现这种情况，领导层的变化以及当天的紧急事件会直接导致工作停止或者重新开始。如果将CEO领导的核心价值观和公司使命进行公开声明，并且要求所有员工都参与时，那这一举措将会中断一年。一般情况下，这一举措将在季度“绩效与发展”讨论中得到体现，每个下属回答三个开放式问题，他们的管理者将对此作出评论：

1.您完成了什么任务？为公司做出了哪些贡献？

2.您的工作如何体现了公司的使命和核心价值？

3.除了您的职位角色，您对其他人和他们的成功有过什么影响？

而在我看来，核心价值倡议绝对不是一种中断性质的，这是对我所协助的倡议的一种支持。通过几次程序的调整，这两项举措能够完美结合，相得益彰。

因为核心价值倡议为管理者提供了员工在他人导向重点中需要的两种认识和理由，员工会因自己的成就和帮助他人获得奖赏。这样的话，员工会变得更加热诚，管理者们也有机会听到他们下属之前没有说过的话。我发现在上述问题的基础上如果再问一个问题，每个人都会有动力来提升自己的学习能力：

4.您从管理（或者运营）方式的变化中学到了什么？

在回答这个问题的过程中，管理者们能够通过自我批评来获得好的信誉，他们努力进行的自我提升也会得到重视并获得认可，这也是取消评估的主要原因。绩效和发展讨论被程式化为单方面的等级制度，下属需要承担责任，而管理者们只需要稍作评论，但是管理者们应该认识到这种程式化的模式是需要修改的。

就我个人而言，我从来不担心员工是否收到了足够的反馈意见，是否尽可能使用他们认为准确的方式改进了自己的工作。但与我在本书中提到的一样，更让我担心的是公司是否有充分的激励机制推动管理者进行自我反省，思考他们与员工之间的关系有哪些不正常的地方。但如果没有了绩效评估，下属知而不言的理由也就会变得更少。

我建议管理者和下属应该各自进行自我批评并一起进行讨论，而不是独自去评估其他人的表现。我还建议他们掷硬币来决定谁第一个开始，第一个开始的人应将他获得的成就、做出的贡献与他人的帮助联系在一起，还要就什么是更好的管理或运营方式，怎样做到更好这些问题发表自己的意见。而第二个人就在旁边仔细听，做笔记，并等待轮到自己做报告。

在首次展示后，我建议管理者和下属进行互动交流，这一活动甚至可以包括以自身的经历来回应他人的陈述。随着绩效评估的消失，每个人都可以从无需承担后果的坦率反馈和批评中受益。而且，从理论上来说，只要讨论者都坚持用第一人称进行陈述，那么讨论者就都不会因为说错话而失去什么，放弃或修改什么。每个人只需要把当下的想法说出来，并谈谈自己的经验以及自己对事情的看法，没有必要假装和对方达成共识。如果他们表示同意，就是真的同意。而且，无论是管理者还是员工，他们将有很多机会来支持和帮助彼此进行自我改善。

更重要的是，公司的每个人都要进行自我评估，彼此之间也要开展必要的讨论，但这仅仅是一个开始。随着时间的推移，这些都会随着个人愿望、相互关系和工作环境的变化而变化。随着绩效评估的取消，没有人会因被“拿枪指着头”而对某件事表示同意，每个人也能根据自己的感受选择要听什么内容。如果这个公司没有一个坚定的领导者的话，那么我想那些人力资源专家也不会对我的建议表达什么看法，他们可能只会形式上的回答一句“我们会接受建议”。但事实上，这种回答毫无意义，我心里也十分清楚那意味着什么。我现在应该建议领导人，这项工作仍然需要他们积极参与，否则“取消评估”举措将无法实现其转变发展观念的目标。

公司的CEO应勇敢地承担责任

这不是我的出发点，也不是我所期待的结果，但这是一次又一次得到验证的教训。

公司的CEO有责任决定公司要秉持什么样的管理观念，虽然很多糟糕的管理行为可以归咎于企业文化，但CEO有责任评估当前的管理观念是否正确。如果不正确，CEO也有责任对其进行改进。公司的所有人都应对CEO进行监督，确保CEO认真地履行了自己的责任。

确实是这样，管理行为对人们生活和工作的影响太大了，谁也不能草率对待。当然，CEO不必亲自提出一个连贯一致的计划，他可以让其他领导人负责某一项倡议。然而，CEO需要确保管理者们清楚地知道他的期望是什么，并且有适当的流程可以让管理者们更加接近领导者的期望。在上述案例中，季度绩效和讨论就是这样一个流程，但如果这个流程没有CEO的全力支持，那么无论谁担任CEO指定的领导者，公司都不可能发生实质性的变化。

五种有指导性的管理观念

通常情况下，领导者都会强势地规定管理者们所应承担的责任、做出的行为和具备的人际风格。大多数领导者都能意识到，任何事情都不可能是非常完美的，但他们对此仍然抱有希望。其实，每件事情既有积极的一面，也有消极之处。你采取的措施在一种情况下可能产生积极作用，在另一种情况下也许就会产生负面影响。打个比方，谁都不想被踢一脚，但是，在有的情况下适时地“踢”一脚，也许是出于严厉的爱，能够及时惊醒梦中人。

我认为，只看具体行为，这种做法本身就是个错误。在这种情况下，人们虽然改变了自己的行为，但其背后的情感和态度并没有改变。这与遵守法律条文的人忽略法律诞生之目的是相似的。一位同事跟我说她手里有一份清单，上面的二十家公司的管理层声称，他们已经废除了绩效评估的条例。但据我所知，在跟我有私交的几家公司中，薪水、奖金、工作分配仍然与管理者对员工的任意评级挂钩。那么，这些公司能从管理者与下属之间真诚的对话中收获什么吗？我敢肯定，他们的管理者并没有得到员工的尊重和坦诚。

我希望，管理者们能通过自我反思和自我质疑有所收获，而不是按照领导者的规定采取行动。当领导者制订的流程让管理者们受益时，管理者们自然就会按照领导者说的那样执行。由于每位管理者有不同的技能、性格和个人倾向，所以，他们只能自己探索，应当如何行事。

在这种情况下，转变思维方式，支持其他有指导性的管理观念就显得很重要了。我这里有一份清单，包含了五种有指导性的管理观念。请记住，我谈论的仅仅是管理者职能的一个方面而已，那就是管理者要为他人的成功做嫁衣。在可预见的将来，管理者如果忽视了自己对工作应负的责任，就应该好好担忧一下自己的处境了。

如果管理者能够仔细思考我列出的五种管理观念，管理者将从中受益，探索出真正合适自己的管理方式。我们还应该认识到，每个人都有自己的思想，因此，每个人也都会选择不同的路线。公司管理也是这样，管理者要让领导者明白，领导者需要支持其他有指导性的管理观念，当他们担心管理者采取的路线可能不可行时，就要去询问管理者，并帮助看起来迷路的管理者。

我不希望人们将思维方式看成是死的。如果你觉得它们是死的，认为它们就像绩效评估中使用的数字，那么讨论很可能会恶化为“我需要做些什么才能从4.7分到5.0分？”这种谈话是毫无意义的，不仅浪费时间，还消耗人们的耐心。

综合考虑，这里有五种有指导性的管理观念：

1 管理者需要安全感

管理者需要的不仅是心理上的安全感，还需要工作上的安全感。这样，他们才能从“先保护自己”的思想中解放出来，专注于帮助那些需要他们帮助的人。

之前，我已经谈论过这个问题了。在不同程度上，很多不切实际的工作文化期待都给管理者带来了危机感。为了维护自己的形象，管理者就要不断地假装自己是客观的。这样做，就使管理者感到不安，导致他们表现地很脆弱。除此之外，我也说过，积累一系列实实在在的成就，记录其价值以及保护他们脆弱感，可以让管理者感到安全。而这些就是导致管理者眼前问题的真正原因。

事实上，只依靠领导者并不能真正地解决问题，也不会让管理者感到更安全。其实，管理者们感到不安的原因是，他们没有直接看到工作的成果，也没有建立他们想要的人际关系，而那些被记录的事情，通常也只是道听途说，转瞬即逝。当管理者认为，他们正在进行高质量的工作，并相信重要人员将他们视为关键的贡献者时，他们就会感到安全。

简单来说，管理者获得安全感的方式有两种：一种是对工作进行自我评估，另一种是请“关键的他人”，比如公司领导人或者自己的老板，对自己的工作进行评估。

我希望，领导者能理解管理者这种不安全感，也能制订计划，认可管理者为此所做努力和贡献。这就是案例研究中四个问题能够产生的作用。“你有什么成就？”“你如何支持公司价值观？”“你帮助别人达成了哪些成就？”“你学到了什么？”，这四个问题其实就是在说一种流程。管理者如果没有流程可以遵循，就不能证明，他们协助领导者所做出的努力有了实质性的结果。

2 管理者在交流中应该表达自己真实的想法

想要让管理者表达自己真实的想法，最简单、自然的办法就是让领导者说话，展现他们最自然、最真实的自我。领导者在说话的时候，要注意不要使用“自我中心”“自我放纵”或“自恋”这样的词语，这些不正式的词汇，应该用在类似高尔夫球场这样的环境中。在工作中，人们会将领导看作是自己的榜样，他们需要领导者关注他们的需求，给他们提供支持，以便他们能出色地完成工作。

管理者们需要确认，自己不会因为自己的一些表现而遭到贬低，他们才愿意放下戒备并表现出真实的自我。这并不是说，管理者应该期望别人，特别是领导者忽略他们的错误、失误和不完美之处，而是他们需要知道，坦白不会使他们失去任何东西，更不会影响他们在领导者眼中的地位，领导者也不会因此忽视他们的贡献和能力。

当然，在现实的工作环境中，不少的领导者也会承认，自己没有远见，对自己所犯的错误也直言不讳。但是，对于那些靠等级制度成长的领导者来说，这就有点困难了，在面对错误时，他们每个人都会保持防御的姿态。

为什么不简简单单地承认错误并改正后继续前进呢？承认错误并及时弥补，要远远胜过任何的言辞。当然，我指的不单单是管理者，也包括了领导者。这种以吸取教训并做出改进为主要形式的问责制，能使管理者表达真实的自我成为可能。

为了让管理者表达真实的自我，领导者需要坚持要求，管理者使用第一人称进行表述。领导者要教管理者学会使用像“我认为”这样的话，并倡导他们，在与客户交流时使用这样的说话方式，这有助于他们与客户建立良好的关系。说一些如同“我来说说我怎么看的……”这样简单的句子，就立即消除了虚假的客观性。

当人们用第一人称说话的时候，人们从来不会出错。除非确实受到了威胁，否则一个人可以自由地说：“我不这么认为”。如果对方没有发表观点，那么你可以礼貌地询问“你怎么看？”“我认为”，这样的话即使在最具挑战性的条件下，也能让管理者保持高度的真实。

3 鼓励管理者系统地看待他们的行为，教管理者进行团队合作。

之前，我对“高级领导团队”这一说法持怀疑的态度，并且我认为，最高层管理者们并不没有以公司的利益为先。我也谈到了，管理者对分组的恐惧和其自我保护的习惯。现在我承认，当管理者看到他们各自关注的利益没有被忽略，并且感到足够安全，可以采取“我为人人，人人为我”的思维方式时，他们做出的选择就可能会产生有益的结果。而这也是所有CEO带领公司前进的一种方式。

每个人必须承认一个事实——**自身利益存在于工作的方方面面，与工作有着千丝万缕的关系，多数人假装无私工作的做法，其实是最无效的。**当有人不知道另一个人来自哪里的时候，他们可以自由提问。这样的话，寻找议程的人有了自律的理由，质疑议程的人也有机会纠正他们的错误。但是请记住，自利不等同于自私。每个人都要正确地看待自我利益，并且明白，在一个组织中，任何单位发起的活动，都可能影响到其他单位及其工作人员，每个人应当系统地看待，他们的行为如何影响他人，以及如何在更广泛的组织范围内进行团队合作。

坚持系统性的思维方式，要求管理者通知受影响的各方，参与他们的议程和活动，并询问这些议程和活动会产生什么样的后果，并在产生问题之前，就讨论怎么修改议程和活动流程。而当意料之外的事情发生时，这种思维方式也能让问题产生者自己有一些解决办法。同样，当管理者看到其他辖区的人采取的行动，会影响他们的工作时，系统性思维也给他们提供了理由，主动去询问他们的议程。

坚持系统性的思维方式还要求管理者，将所有议程与公司的利益统一起来。当然每个人看上去都在这样做，但是，当明确知道个人议程时，情况就不同了。对他人的关怀应该延伸到组织中每个部分的需求。在听取他人面临的问题时，在表示出同情的同时，管理者应该向对方提出建议，施以援手。

当然，管理者了解有关市场条件和公司面临的问题的信息越多，就越能达到高水平的团队协作。这就需要领导者在审慎的范围内，尽可能多地分享战略信息。

4 管理者应该坚持自我管理并主导自己的发展。

有一个思维方式可以节省大量的时间，并避免产生不必要的烦恼，那就是授权管理者自我管理，让他们对自己的发展负责。然后，通过自我问责，尽可能严格地让他们为自己的职能承担责任。我的意思是，领导者要反对夺权的行为，做到有疑必问，时常询问管理者他们的现状并且将自己的担忧传达给他们。

但是，领导者不要冷冰冰地发号施令，这样会妨碍领导者行使自己的权力。如果到了非做不可的地步，那领导者要选择“丢掉”管理者，而不是取消流程。与其他管理者打交道时，领导者也需要遵循这个规则。

在条件允许的情况下，我认为，这是帮助管理者采取自我管理的思维方式最好的办法。这样一来，管理者一下子就成为保证公司能获得积极成果的责任方。如果管理者需要额外的信息和资源，甚至是参谋顾问，他们也必须亲自沟通并取得。

如果一位管理者告诉老板将会发生什么事情，那么老板应该完全相信他，除非过了一会儿他又不这么认为了。而对于每个需要知道哪里是薄弱环节或者需要负责修理的人来说，他们也应该收到通知，如果需要修理的环节没有得到修正，那这些人应该问问为什么没有通知，而不是为什么没有修正。

自我管理思维，是让管理者进行自我评估并对自己的发展负责的一种思维。如果管理者想得到领导者或者其他人的意见，他们需要自己去问。如果管理者来向我咨询，我已经知道我的回答是什么。我一向会如此回答。我会问他："你怎么看？"每个人都过着复杂的生活，即使我认为自己对下一步应该采取怎样的改善措施足够了解，我也不太可能知道每个人的具体情况。

5 管理者应该把提高人际关系能力，实施个人奖励措施作为优先事项。

大部分不恰当的行为被实施都是因为，管理者没有对下属表现出足够的关心，管理者为了保护自己，就将场面上的友好作为他们的本职工作。管理者与下属之间的友谊只是建立在给予彼此方便的基础上，他们并不是真正的朋友。

我们可以试着问一下这个问题：在公司中，谁将人力资源部门的人员视为“朋友”？当人力资源人员在办公室的时候，人们的回答会是“每个人。”当那些人力资源人员不在办公室时，几乎没有人说他们把人力资源人员当朋友。你明白我的话了吗？

管理者可以称呼他们的下属为队友和合作伙伴，将团队里的人称为同事，并将公司里的每个人称呼为朋友，但这些都只是流于表面。大多数人建立人际关系的目的只是相互利用，他们之间并没有心的交流，他们只是合作者和便利的盟友，并不是那种“我会在你身边”的朋友。我不是说所有管理者都是这样，但是，肯定有不少人是这样，有很多理由可以证明我的想法。

管理者几乎不会重视为他们服务的人，也不会与这些人交朋友，更不会有“我们在一条船上”的想法。即使与优秀的人相处，管理者也不会与他们保持亲密感，更不用说去发现对方人性的特点了。当我在继续教育课堂上提问时，我发现大多数管理者倾向于拒绝按照我所表达的内容去做，理由是他们很忙，没有时间做其他事情了。直到我给他们一份调查问卷并布置任务，让他们去了解他人的本质时，很多人才明白他们会因此受益颇多。在与他人交谈的过程中，他们对彼此展示出来的人性特点表示十分的惊讶。当他们学习在更亲密的层面上与某人建立联系时，他们对自己所体现的人性也同样感到惊讶。

管理者为什么没有意识到他们周围人的珍贵？他们是害怕暴露自命不凡和自私自利的行为吗？是因为不知道如何接近别人，怕遭到拒绝吗？也许是因为，管理者或者与管理者结交的人预料进一步发展将最终失败，也许是因为，没有见过我所提及的那种亲密关系的榜样。

不管是什么原因，我发现，在工作中，发生的大多数具有操控性和工具性的关系都会使管理者错失良机。因为没有站在他人的角度思考问题，所以，管理者就不知道发生了什么，更不会意识到他们错过了什么。因此，管理者需要把提高人际关系能力作为优先要做的事情。

我不知道有什么万无一失的方式，可以让领导者得到管理公司所需要的想法、精力和公司资源。不过，他们确实有自己的方法。他们在何种状况下才会使用这种方法呢？当管理者陷入文化伪装的困境，害怕被揭露和批评时，当工作人员陷入危机，因真实地表达自己的想法和感受而承担风险时，个人可以做什么呢？

我相信，任何人都可以采取行动，确保领导者掌握公司的主流管理思路，并采取措施实现他们的目标。这就是我接下来将要讲述的。

CHAPTER 9 第九章 建立“以他人为导向”的管理模式

管理者要想真正实施良好的管理，最重要的就是接受与自己不同的思维方式，学会站在他人的角度思考问题，尤其是要学会认真考虑员工的建议，了解员工的需求，使大家都能畅所欲言，展现出真实的自己，为了维护公司的利益共同努力，共同进步。

管理者经常掉进工作文化的陷阱，他们由于缺乏理性的思考，在默认了公司所谓的规定之后，管理者们并没有意识到，他们按照规定实施的管理行为会造成诸多的负面影响。当然，有的人会说，这并不是管理者的本意，日常工作所需要的伪装已经让他们觉得筋疲力尽，他们根本没有多余的精力去思考自己的行为是否带来了问题。然而，要想意识到这些，管理者必须将自己无意的行为与所面临的问题联系起来。事实上，在一些管理者心中，他们认为自己做出的所有管理行为都是恰当的。

这就是为什么我一直把管理者的失职和不良行为称为“无意的”，因为，即使管理者知道自己的行为会导致糟糕的结果，他们还是会坚持自己的想法。管理者之所以会这样，很大原因是受工作文化的影响。而这种文化让人们不仅把管理者当成客观的、愿意与他人合作的人，还把他们当成公司首位思想家和行动者。但是，管理者们心里清楚，其实他们什么都不是。但管理者们不会承认，因为，如果承认了就是自我认罪。所以，即使害怕，管理者们也还是自命不凡地认为，他们已经完成了自己应该做的事情，但实际上并不是这样。与他们合作的人一旦发现了他们的两面性，就无法再信任他们。

通常情况下，管理者们会因过于注重事情的某一方面，而无法意识到这种两面性的影响。因此，他们需要调整视角，观察全局，以便认识到其实他们的表现没有自己认为得那么好，在向上级报告的时候，他们采取了欺骗的方式来隐瞒个人的失职行为。

而事实上，报告不应该是个人行为。在大多数情况下，报告是管理者们制订的一套工作系统。但员工确实会认为，这就是管理者的个人行为。因为，管理者采取的行动导致的结果响了员工的生活，阻碍了员工实现梦想的脚步。所以，员工怨恨管理者，这是很正常的事情。

别做“以自我为中心”的管理者

你以为只有管理者会掉进工作文化的陷阱吗？并不是，工作人员也同样会陷入。员工提出了具有贡献性的想法，并期望能够得到管理者的认可，但最终却发现，自己的管理者是一个以自我为中心的人。其实，在管理者看来，员工的工作应该以完成管理者个人宣称的公司需求为目的，并按照管理者要求的方式完成。

某些时候，工作人员之间会试图互相讨论这种现象，希望管理者能够重视这个问题，但实际上并没有起到任何作用。渐渐地，工作人员不仅对工作失去了希望，对管理者也不再抱有任何期望。而且，在权威之下，员工对此更是闭口不谈。

于是，员工开始关注公司对员工的考核方式，想要通过这种方式得到晋升，拥有“权力”。但是，他们发现，工作并不是由公司评估，而是由管理者评估。评估结果表面上是取决于自己对作品的描述，而实际上是由管理者的喜好决定的。管理者的一举一动似乎都影响着员工未来的发展。因此，大多数工作人员意识到，他们只能依靠自己，与此同时，也感到很无力。

其实，作为公司的员工，他们缺乏发言权，需要管理者的指导、教辅和支持，并且渴望领导对他们的劳动成果表示赞赏。**最重要的是，他们需要一位客观公正的，愿意帮助员工取得成功的管理者，而公司很难能够满足这个需求。**这就是他们当初所期望的工作，而当初的招聘广告上并没有写“以自我为中心的管理者”。

“以他人建议为导向”的管理模式

在现实的工作环境中，有一种被称为“以他人建议为导向”的管理模式。这种模式要求管理者认真思考、采纳他人的建议，然后，以此为导向制订工作计划。那些应用了这种管理模式的公司，确实比那些没有应用这种模式的公司发展得好。但是，如果公司的领导者不能真正地参与进来的话，这种以他人为中心的、良好的管理模式就不会被接受。

虽然大多数领导者承认，这种“以他人建议为导向”管理模式很重要，但是，很少有领导认为，这种模式能够为他们带来足够多的好处，他们并不愿意在实际工作中，将这种模式进行推广。在我看来，如果真的在公司推广这种模式的话，领导者就会发现，他们所需要付出的时间和精力将能够获得巨大的净收益。然而，很少有领导者能够看到这一点。

你可能会说，这种模式确实很好，公司中每个人的工作生活都很丰富，他们提出的建议自然也会很可行。在我看来，这些并不足以促使领导者投身于这个过程，更何况会涉及到很多不确定的因素，没有多少人会这样做。不过，我们并不确定，所以，我们先将其作为一种开放性问题来看待。

这种“以他人建议为导向”的管理模式并不是指针对员工，对管理者同样适用。在公司中，管理者的个人发展规划是由高层领导者决定的，在制订规划之前，领导者并没有询问管理者的想法。这并不是实现管理者发展的最佳途径。因此，这种管理模式的作用是多方面的，不夸张地说，这种模式能够应用到工作的方方面面。

你能做什么？

我认为，要想改变糟糕的现状，人们需要提高自己对工作文化的认识，并且清楚地了解，工作文化的力量是怎样阻碍良好的管理行为被实施的。任何层级的人都可以这么做，首先，在这个过程中，人们可以缓解自我愤懑的情绪，提高自己的工作能力。其次，这样一来，人们就能以最恰当的方式传达自己的工作经验，激励领导者采纳自己的建议。

对于管理者，我有两种建议。首先，管理者需要知道是什么使员工产生了不满的情绪，了解员工收到了什么样的信息，由此引发了什么样的感受，然后，想象一下这有什么象征意义，从而推断员工的心理状态。其次，管理者需要与群体交换见解，提高自己对事情的认识，并最终促使领导者以相关理念来制订公司的管理计划。当然，这只是一个讨论管理行为的流程，为的是制造足够的舆论，从而引起高层领导们的注意，并最终让领导者觉得，是时候做出改变，实现公司的进一步发展了。

接下来，我总结了两点具有可行性的措施。

方法一：找到真正的原因

为了推进工作进展，个人可以使用归纳推理的方法，找出引发这些感受的具体行为所传递的信息或者通过该行为所传达的管理思路。最起码，我们能够确定的是管理者的管理行为确实疏离了有着不同经历的人，或者说是疏远人群中的佼佼者。也许，通过这一具体行动传达的信息，也会在其他类似的角色管理行为系统中传达出来。而这种方法也可以尝试确认正在传达的信息及其预估影响程度。

无论具体情况如何，都要考虑两种类型的刺激原因。

我们将这两类原因称为A和B。A原因是，即使管理者发现员工与其内在性情不同，追求的目标和自我利益也不同，但是，管理者仍然希望员工认同他们的管理行为、思考方式以及身份。B原因是，即使当下的工作方式确实与自己内心的想法一致，但管理者仍然会选择批评员工采取的工作方式。很遗憾，这些人都没有领会到，使他们变得如此疏离的事件的客观性，更不了解，经历的这些事件是向他们灌输管理思路的重要组成部分，而那些管理思路能够缓解他们的不安。

现在决定：A还是B？这是明析扭曲的管理思路怎样对你产生负面影响的第一步。

然后反思：这是你在其他管理者的行为中都可能得到的消息？还是在此特定情况下，与你进行交谈的某位管理者所独有的消息？如果是这位管理者而不是其他人，那原因可能是性情、偏见和感情的差异，这应该相对容易确定。一旦确定，你可以决定对此特定事件采取什么行动。它可能会让某个人直接对你产生误解，也可能让你为产生的过度反应而道歉。

大多数情况下，令人烦恼的是，使其他类似人群产生疏离感，这在主流管理思路中十分常见。这种疏离可能是由多种原因引起的，比如，员工的意见被驳回，员工缺乏公平竞争的机会，员工没有被征求意见等。

接下来，你要考虑一下，在这个时候，管理者们认为你是以什么方式让他们处于防守状态，你是如何精确地指出行为所暗示的信息的。然后利用归纳推理来进一步分析你发现的东西。这类似于检查化石DNA碎片，其目的是以恐龙本来面目再现恐龙。刚刚被确认的东西是“线索”，现在的任务是了解生成它的系统。有人问“为什么现在把这个信息发送出去？”因为现在正是发送它的时候。

最终，你要反思：这种不和谐的信息是出于什么目的被发送的？谁将受益？如何受益？什么力量对发起人产生了影响？人们对你和你的角色做出了哪些假设，哪些假设是不恰当的？是谁以及什么原因让那些被错误假设的事情持续下去，并继续被人们忽视的？如果像这样的消息没有被发送，那么管理者采取这样的运作方式会失去什么，如何弥补这种差距？如果做出一些修改来纠正它，可能会引发什么样的恐惧，从何处引发？

请记住，虽然我现在说的是其他人的情况。在你今天的工作生活中，如果尝试通过这种方法来解决你的工作问题，你将会感到惊讶。就像你去钓鱼，鱼儿主动上了你的鱼钩一样。

方法二：增强以公司利益为先的意识

如果人们学会了自我管理，能够站在他们的立场上，对管理思维的各种负面影响直言相告，说现在的管理方式干扰了他们工作之外的生活，那该怎么办？这就像皇帝没有穿衣服，但有人却说："陛下，您背后的衬衫需要提一下。"

公司的领导者必须想人所想。不管人们说了什么话，他们都只是想要表达自己的看法，只要领导者给一个机会让他们畅所欲言，他们便会重归正轨。最重要的是，在人们退缩时，领导者要坚持。我相信，向掌权者表达自己真实的想法，这种行为是非常忠诚的表现。但在表达真实想法的时候，一定要考虑一下自己的想法是否对公司有益。

领导者需要经常听一听管理上的问题，了解公司的管理思维，这是一个持续存在的问题。人们听到的议论越多，就越能抓住事情的重点。他们知道，如果没有解决明显的问题，他们的信誉就会受到威胁。他们还意识到，如果一个方案解决不了根本问题，他们就必须再做些正确的事情。那么，如何让人们直言管理者糟糕的管理经验，同时又不损害他们与管理者之间的关系呢？

这里有两个任务。首先，你必须拟发一个足够吸引人的消息。使大多数人，特别是领导者听了之后认为有必要认真对待这件事情。其次，想办法让领导者在想要退缩时打不了退堂鼓。不过，对于那些害怕被视为“不听话”或被贴上“负面”标签的人来说，后者是一项艰巨的任务。下面，我会详细地对这两项任务进行描述。

1.拟定令人信服的消息

相信我，完成这项任务，你会受益匪浅。通过拟定令人信服的消息，人们会重视你所说的事情，你可以分辨出到底哪些人和你陷入了同样的困境。当然，每个人都拥有独特的技能、背景，等等。所以，难免会有人与你的看法不同，也难免有人觉得受到了负面影响。而与人分享经验与见解可以加深你对事情本身的理解。这往往可以让你的思维更敏捷，使你对关注的问题看得更清晰。这也将会是一个排练机会，让你明白，当有机会向领导者描述自己的想法时，你应该怎么做？

在你将拟定好的消息发送出去之后，你会收到很多回复消息。好的消息是，没有人会专门去发表任何观点，因为管理思维的发展与公司的每个人都存在利害相关，仅仅靠一个人的觉悟是行不通的。但是，有人会因此去阅读管理书籍，并深切反思管理事件。

人们需要足够的时间去找出研究管理行为的新方法。大部分人都想要为自己解决问题。有些人将重放之前事件的录像带，看看他们的新发现可以揭示什么，以及他们的反省对于现在来说是否更有意义。事实上，很多人都希望看到，他们的新发现让后续事件变得更容易理解。

最后一点实际的建议：我强烈要求大家在分享时要谨慎选择“朋友”。在公司的管理方式被改进之前，缺乏安全感的人会将某人的话语和情绪透露给第三方，以这样的方式反映他们当时的竞争动机，而不是告诉他们这个人的性格和行为。如果你不打算出来纠正他们，那么事情就会继续发展。当你听到什么风声，尽可能直接记录下来，不要批评那些误传你的人。即使生气，也要尽可能礼貌地谈论到每个人，而不能仅仅谈论办公室里面的人。

2.坚守你的信念

一个人表明他们的立场和观点的最好的方法是，亲口说出自己的想法。这种方式可以让人就事论事又不失敬地告诉任何人他们的观点和反应，以及他们从发生的事情中得到的教训。

我认为人们应该谨记这些建议。凡事都要对事不对人。请记住，你所遇到的问题都源于当下流行的心态，这次恰好是被不完美的人张三传播开来，下次将会是不完美的人李四来传播，而你也可能是不完美的人赵五。换句话说，在谈论病毒时，请不要怪罪病毒携带者。如果出现了不良行为或不公平的现象，请你保持沉默，哪里挑衅就容忍哪里。人会自我防卫，这你可阻止不了。但是，我们没有必要把问题归罪于某个人。此外，一旦你对怎么消灭病毒有了自己的想法，你会希望每个人包括今天的病毒携带者在内，都来帮助消灭病毒。

人们会通过很多方式分享他们的见解，并会在很多偶然的情况下说出来。**无论你决定做什么，一定要弄清楚听你讲话的人是否在**

认真听。如果他们专注于另一个议程，或者带有很强硬的观点，觉得必须要争辩一番的话，那么这个人就不会听你讲的话。既然你已经知道你要说什么，何不让其他人先说。首先，问他或她怎么看待这个问题，然后用对方刚刚表达的语句和与问题相应的方式讲话。

即使你已经知道了答案，我还是建议你再问一问。首先，你可以说：“我明白了你的观点，同时，这些观点纠正了我的错误。”之后，就可以这样说：“我对此有不同的看法，我想告诉你原因。”不需要争论，用友好的语气吸引他们的注意力。

如果你说完了观点之后，对方还是要纠正你，最好是倾听下去且不要打断对方。如果你不同意对方的观点，并且认为，如果不按照你说的执行，工作就没办法取得进展。那么，你就没有必要去反驳，你的沉默自然而然会让他们知道，他们并没有说服你。你已分享了你的经历，而他们现在也知道了你的信仰。与记住一份协议相比，人们对分歧的观念会记得更长久一些，这是既定的事实。

领导者和管理者还可以做什么？

我相信大多数领导者和管理者会说他们想听到更多。但他们并不知道，在他们现有制度中，每个员工关心的究竟是什么。

我一直在寻找方法来消除制度中的障碍，让领导者和管理者听到人们内心真正关心的是什么，这也是我在这本书中一直提到的一点。

消除等级关系，不再让人感到防备；

革除绩效考核，不再让人感到胁迫；

停止惩罚，实施经验教训责任制；

奖励外部导向管理行为；

问问管理者他们学到了什么，又是什么阻碍了他们更早地了解这些知识。

改进的同时，要对以前使用的错误逻辑有深刻的认识，促进和支持建立“有话直说”的关系。最大限度地提高透明度，尽量使人们能够坦然地进行工作。是的，这些都很重要。我将继续系统地介绍是什么妨碍了员工分享观点和事实，而这些都是他们领导者和管理者应该知道的。

如果不了解别人的真实想法，管理者和领导者就不能为自己做出正确的事情，更不用说为那些员工了。而且，正如我所说，整个工作文化充满了妨碍领导者发现问题的障碍。领导者是最能帮得上忙的人，一旦他们有所发现，他们就会明白事情的重要性。

回顾一下我说要革除绩效考核的原因，这不仅仅是为了节省时间和防止生怨，也是为了让管理者能够听到别人的真实想法，使他们吸取经验教训，成为一个更好的管理者。为什么我相信公司领导者会意识到这一点，并最终能扭转局面呢？因为，一旦他们擦亮眼睛，他们正确的目标就会带动大多数人去做正确的事情。**卸下了防备，善良的人便会找机会自我改进，并善待他人，这是人性中最精彩的一部分。**

大多数人生来如此，他们是诚实正直的。女士们，先生们，如果你真的想知道发生了什么，请尽可能让人们来告诉你，而你并不需要去做个方案。当人们直言不讳地告诉你时，你只需要尽可能地表示感谢。尊重消息来源，不要只考虑他们想要获得什么。广开言路，最好是接受所有消息。只要知道究竟发生了什么事情和人们的想法，你就能想出好对策。之后，你就有足够的时间来做出你的回应。

倾听的时候，对细节方面要深入探查，弄清楚制度中是什么导致了人们现在才告诉你的这些状况，这就是关键所在。想一想大众汽车的首席执行官，他竟然不知道自己公司的技术管理者比美国政府监管机构还精明。他声称，公司内部没有人告诉他，他是和我们一样通过看新闻知道的。虽然我不相信这一点，但我相信他说他希望及时知道并阻止这一切。为什么他没能及时知道？为什么会发生这样的事？可能是因为他设定了内部目标，人们不作弊的话是达不到这个目标的，于是他们不愿意这么早告诉他。

据我观察，很多公司试图通过流程来确保领导者和管理者了解下级管理者和员工的想法。值得注意的是，家得宝的创始人通过分配董事会成员店铺的每个季度指标，提供了与员工进行保密讨论的通道，鼓励员工告诉他们所有重要的事情。他们根据获得的消息来制订方案，作为高层管理人员的董事会成员，他们负责就听到的问题对制度进行适当的修改和修正。当公司遇到妇女权益和集体法律诉讼时，这种情报可以被收买。没有人会感到惊讶，管理层早在游戏之前就想好了对策，事情发生后还拿出了一些改进好的证明文件。

有一种制度能很好地得知人们的想法，这种制度在20世纪70年代就被宝洁公司的技术管理者采用。我还帮助过其他公司的管理人员改进和实施这种制度。工程师每两个月撰写一次白皮书，主题与生产率和工作生活质量相关。每位管理者都要进行制度学习、撰写报告，报告里面要详细说明他们阅读后的个人思考。然后，这些报告被转发到上层，供整个管理层评估和讨论。

我想打一个比方，不管是像我这样一个圈外人，还是有咨询技能的HR，都有资格做第三方即一个中间人，去指导需要额外的人际关系或管理技能的人。很多公司称这个为“辅导”，并广泛参与此类活动。我对这种做法持保留态度，因为它对个人没用处，但它对制度有用。我发现，辅导可以为高层管理者从中系统地了解问题提供方法，这是它的价值所在。而这一次，对个人进行辅导却有点困难。换句话说，我认为每一次介入都应该扫描下DNA，并引起公司领导者的注意，以确保这个制度从个体表现中受益。

我发现大多数公司领导人都错误地以为，他们对公司业绩满意，主要是因为他们达到了预期。我看到太多的领导者，在人力不足或管理不善的情况下，他们对完成的事情并不感兴趣。大多数领导人认为，他们的使命是提高公司的盈利能力。他们认为自己是战略家、投机家，所有问题都能迎刃而解，没有什么能阻挡他们。他们在其雇用的顶级管理者中寻找志同道合之人，却没有意识到，最大的内部局限性来自于他们和其他管理者的自编自演。领导者必须承认，他们的责任是发现问题并解决问题。我看到每个人都在帮助他们解决这个问题上发挥了作用。

我发现很多问题产生的原因是，事情应该解决却没有解决，这可能听上去有点夸张，但可以确定的是，事情至少没有引起更多的关注。因此，我分享了我的看法。希望这样做可以让大家都更容易有效地追求个人和公司的目标。我希望读者认识到，管理思维合不合理，领导者需要让管理者积极承担责任。

我认为，人们被迫私下追求个人利益的做法是不对的。我知道这很矛盾，那些不得不假装，个人利益没有涉及其中的人们，其实都希望真实地表达自己的想法，把个人利益摆到桌面上来，让其他人更容易辨别，企业所有的需求是否得到了满足。提供让人们交流不同意见的途径，这就是人们需要充分利用他们公司的时候。

让人们能够光明正大地寻求三赢的解决方案。在三赢中，企业受到的损失最小，鼓励人们互相支持。我很少听到，在非常成功的组织中，工作的人会说他们缺乏团队合作，或者抱怨团队中的竞争。如果有人跟我说一家公司失败了，我敢打赌，缺乏团队合作是这家公司最大的缺点。如果在日常讨论中避免谈论那些毫无事实根据的消息，各方都将受益。

从写这本书开始，我的主要目标是增强读者的意识。我本来不打算写这么多的建议，可写着写着，我便开始思考，那些想亲自参与解决问题的读者可能需要更多的指导。这么多的改革，需要有能力的人来完成。我看到每个员工都是利益相关者，每个利益相关者，在善良的人们服务下，实现了他们更多的美好目标。

当管理者提高了思维能力，并与彼此进行相应的互动时，工作关系将重新配置。互动是一种更实在的方式。让其他人参与进来，接纳不同的思维方式，虚心学习他人经验，并与他人产生共鸣。这些在今天虽然还无法实现，但是我们需要更多的洞察力，引领大家进一步改变心态。那么，一个新的团队合作模式将会出现，人们将活出最真实的自己。

鸣　谢

如果对我写这本书时的经历进行详细描述，包括得到的所有帮助，以及在很长一段时间内他人为此投入的精力，你会认为我不应该得到多少赞扬。但是，考虑到为这本书所付出的代价，我并不希望人们这么想。

马克·沙赫里亚是我最亲近的朋友、导师和治疗师，同时，他也是地球上最聪明、最仁慈、最有思想的人。他在二十年的时间里经营过四家公司。我们每周日早上在亿滋熟食店见面，开始“灵魂”的对话，追踪彼此的生活轨迹。在过去的几年里，马克一直是这本书的另一个作者。他全程都在阅读草稿，帮助我翻译、提问，告诉我错过了什么。他真的帮了我很多忙。

拉里·劳特， 虽然我们没有见过面，但我认为他是一位亲密而珍贵的朋友。我们在一个写作项目上偶然相遇，就立即合作写了一本书，从那以后，我一直是他天才写作天赋的受益者兼受害者。为什么我说自己是受益人呢？因为拉里是个慷慨的人，我相信他会永远陪在我身边。的确，他一次又一次地陪着我。那我又为什么说自己是受害者？因为我知道拉里总是能把文章精简一半的字数，从而使内容更好地表达出来，但这对我来说就很困难了。不过，我确实因此想成为一名更为优秀的作家。

沃伦·贝尼斯是我将近50年的密友，我们总是互相照顾。他写序言、护封内容，并为我以前的几本书担任过作家代理人。在我开始写这本书的时候，他就在我身边。沃伦看到的是领导者的神奇之处，并敏锐地发现了领导力的优点。而我的结论恰恰相反，我看到的是领导者需要晋升并管理那些强硬的人，大多数人因为过于自我陶醉而无法做到这些。

沃尔特·诺德是我的另一位亲密朋友，也是一位博学的学者。自从我们相遇以来，我一直在他友谊和洞察力的浪潮中徜徉。我知道我应该告诉你他确切的年龄，但我认为沃尔特的计划是永远工作，我最好还是不要透露他的年龄。他的想法影响了我的世界观，并极大地鼓舞了我写出这本直言不讳、受理论推动的书。沃尔特一直支持着我，而我也回报他以感激和爱。

我们可以对亲戚说任何我们想说的话，我最珍爱的是我的侄子保罗·科普林。保罗读过我的几份手稿并和我进行了讨论，其中也包括这份手稿。我总是从我们的谈话中获益，因此我非常感谢他的直率和支持。在写这本书的过程中，我面临许多个人挑战，保罗总是可以让我依靠。他父亲是个聪明人，保罗也是。

亨利·杜伯洛夫是一个非常有天赋的人。他非常有才华，非常聪明，不虚伪，非常容易让人接近。他帮我写了一篇深情的前言，真是帮了我一个大忙。我相信他给了读者沉浸于这本书中所需的动力。哦，亨利，你写的东西总是能抓住人心。

许多人阅读了这份手稿的草稿，并很友好地与我分享了他们的真实想法。早期的草稿非常简洁，也非常粗糙，但是在大多数情况下，没有我给读者的拷问那么粗糙、锐利。当然，我认为他们是错误的发现者，并重视他们的支持与赞扬。我首先对他们甜言蜜语，然后，我开始更多地挖掘他们的经历，质疑他们告诉我的一些事情。如果这本书有英雄殿堂，这些名字都将被刻在墙上：礼萨·卡维亚尼、斯科特·施罗德、拉姆齐·汉纳、银华、贝弗利·凯、克里夫·伯罗斯、罗珊·威廉姆斯、伦纳德·艾森伯格、汤姆·奥尔图拉、杰里米·阿门、约瑟夫·金、艾琳·卡恩·鲍尔、埃利斯·安德森、马特·伊诺伊和罗恩·皮列恩佐。我可能漏掉了许多我记不清的名字，但我永远不会忘记他们对我的帮助。

还有许多因为害怕泄露他们的名字，或者因为害怕分享他们的异端观点而给他们抹黑，使得我无法表示感谢的人。如果其中有你，非常感谢！我要表示感谢的人还有我的学生，有些是现在的，更多的是以前的，我们依然保持着联系，他们会告诉我他们的工作和生活，包括他们在处理并非他们造成的情况时所面临的困境。

有四个可爱的人几乎随时在为我提供帮助。他们提供了支持，使我能够集中精力写作。感谢西尔维亚·洛佩兹、约瑟夫·博罗曼德、凯文·库拉塔和奥斯卡·加西亚。

我要把“最好的”留到最后。几乎从见到她的第一天起，我的妻子罗塞拉就是我生命中最美好的一部分。如果我告诉你她因为我的写作每天所做的牺牲，会使你和她都感到尴尬。故一言以蔽之：没有她，就没有作品，也没有塞缪尔·卡尔伯特。这是我的肺腑之言。她是我的生命，我用无尽的爱献给她这本书。

图书在版编目（CIP）数据

带团队：有效将下属变铁杆的管理术 /（美）塞缪尔·A.卡尔伯特著；顾俊杰译. --天津：天津人民出版社，2018.12

书名原文：GOOD PEOPLE，BAD MANAGERS：How Work Culture Corrupts Good Intentions

ISBN 978-7-201-14259-3

Ⅰ. ①带… Ⅱ. ①塞… ②顾… Ⅲ. ①企业管理－组织管理学 Ⅳ. ①F272.9

中国版本图书馆CIP数据核字（2018）第259427号

著作权合同登记号　图字：02-2018-364号

带团队：有效将下属变铁杆的管理术
DAITUANDUI YOUXIAO JIANGXIASHU BIANTIEGAN DE GUANLISHU
（美）塞缪尔·A.卡尔伯特　著　　顾俊杰　译

出　　版　天津人民出版社
出 版 人　黄　沛
地　　址　天津市和平区西康路35号康岳大厦
邮　　编　300051
邮购电话　（022）23332469
网　　址　http：//www.tjrmcbs.com
电子信箱　tjrmcbs@126.com

责任编辑　谢仁林
特约编辑　高　燕
封面设计　BookDesign Studio 阿鬼设计

制版印刷　河北华商印刷有限公司
经　　销　新华书店
开　　本　880×1230毫米　1/32
印　　张　8.5
字　　数　130千字
版　　次　2018年12月第1版　2018年12月第1次印刷
定　　价　45.00元